臺灣歷史與文化 研究輯刊

十三編

第 20 冊

蕭乾源及高雄旗峰吟社研究（下）

陳宛萱 著

花木蘭文化事業有限公司

國家圖書館出版品預行編目資料

蕭乾源及高雄旗峰吟社研究（下）／陳宛萱 著 — 初版 — 新北市：花木蘭文化事業有限公司，2018〔民107〕

目 6+166 面；19×26 公分

（臺灣歷史與文化研究輯刊 十三編；第 20 冊）

ISBN 978-986-485-312-0（精裝）

1. 旗峰吟社　2. 臺灣詩　3. 臺灣文學史

733.08　　　　　　　　　　　　　　　　　107001609

ISBN-978-986-485-312-0

臺灣歷史與文化研究輯刊

十三編　第二十冊　　　　　　ISBN：978-986-485-312-0

蕭乾源及高雄旗峰吟社研究（下）

作　　者　陳宛萱

總 編 輯　杜潔祥

副總編輯　楊嘉樂

編　　輯　許郁翎、王筑　美術編輯　陳逸婷

出　　版　花木蘭文化事業有限公司

發 行 人　高小娟

聯絡地址　235 新北市中和區中安街七二號十三樓

　　　　　電話：02-2923-1455／傳眞：02-2923-1452

網　　址　http://www.huamulan.tw 信箱 hml810518@gmail.com

印　　刷　普羅文化出版廣告事業

初　　版　2018 年 3 月

全書字數　245249 字

定　　價　十三編 24 冊（精裝）台幣 60,000 元　　　　版權所有・請勿翻印

蕭乾源及高雄旗峰吟社研究(下)

陳宛萱 著

第四章　蕭乾源之漢詩創作

　　日治時期「漢詩」是傳統文人熟悉的書寫工具，其特徵包括音韻之美、意象凝練、極富抒情與想像空間，可以抒懷、言志、遊戲、應酬、贈賀等，小至個人心境的映現，大至家國天下的憂思，都可藉由漢詩形式來表達。蕭乾源身為旗山詩壇元老，不論日治及戰後時期皆創作不輟，對他而言，漢詩書寫既是與外在環境密切互動的社交工具，也是與內在自我對話的重要媒介。從創作類型來看，有關現代文學部分，目前資料僅見昭和 7 年（1932）1 月 1 日《社會事業の友》中一篇名為〈內地視察團の感想〉的出訪心得，這篇以日文書寫的散文，也可印證曾就讀小學校的蕭乾源所具備的日語能力。蕭乾源專注於漢詩創作，擅長近體詩，尤以七絕、五律、七律為多，較少長篇古體之作，應與日治台灣盛行擊鉢吟詩會的書寫習慣有關。詩作取材廣泛，除了擊鉢酬唱外，也有表現民族意識、敘事抒懷的詩作，少見諷刺及激昂的抗日情懷。

　　日治時期，詩人常以原有的字或號為基礎，再加上其他字，組合成新字號；或以讀音相近為原則，來命名新的別號。[註1] 蕭乾源曾以雲津、資生、乾元等筆名參與擊鉢徵詩，以寫作者角度來看，多用異名有助提高中選機率，增加詩作能見度；就刊物而言，則能予人詩稿來源豐富、響應者眾多的印象。《詩報》原就有限制作者創作數量的上限，因此許多作者投稿《詩報》時，常會使用不同名號，透過不同報章比對，有助於了解作者不同的名號。根據

〔註 1〕王雅儀：〈縱然相見未相識——隱身在《臺灣文藝叢誌》內的詩人們〉，網址：http://www.lib.thu.edu.tw/newsletter/148-201401/page05.1.htm，檢索日期：2015 年 2 月 16 日。

翁聖峰整理「日治時期臺灣漢詩車掌題材作品一覽表」〔註2〕內容可知，旗峰吟社刊在 1935 年 8 月的《臺南新報》詩作，與 1935 年 10 月刊在《詩報》的內容幾乎一致，惟少數用字或作者改用筆名的差異。

　　以表 4-1 而言，阮文仁、夢塵、僑客為同一人，未注明作者應是游水木。值得注意的是，在這次旗峰吟社擊鉢的投稿詩作中出現詩人「蕭乾添」，與蕭乾源僅一字之差，綜觀旗峰吟社活動中，從未看見另一位與蕭乾源近乎同名之詩友，推測可能為《臺南新報》刊印失誤所致，或是蕭乾源更換名號投稿二篇詩作，故筆者認為蕭乾添即是蕭乾源，再比對《詩報》上魂珍投稿之詩作，推論「魂珍」極可能為蕭乾源另個名號。

表 4-1　旗峰吟社〈女車掌〉詩人名號對照表

作者	詩文	出處	日期	擊鉢評等
蕭乾源	結束時裝妙似花，司機人共計生涯。憐他市上囂囂處，時囀珠喉報下車。	臺南新報 12081 號 8 版	1935-08-23	左元右八
蕭乾元	結束身材妙似花，司機人共計生涯。憐他市上囂囂處，時囀珠喉報下車。	詩報 114 號 7 版	1935-10-01	左元右八
蕭乾添	時裝窈窕好年華，旦夕慇懃為掌車。寄語芳心宜自護，司機人盡野心家。	臺南新報 12081 號 8 版	1935-08-23	左花右五
魂珍	時裝窈窕好年華，旦夕慇懃為掌車。寄語芳懷宜自護，司機人盡野心家。	詩報 114 號 7 版	1935-10-01	左花右五
阮文仁	當斯世界文明日，男女平權總不差。事業許多同負責，掌車果用到嬌娃。	臺南新報 12081 號 8 版	1935-08-23	左五
夢塵	當斯世界文明日，男女平權總不差。事業許多同負責，掌車果用到嬌娃。	詩報 114 號 7 版	1935-10-01	左五
阮文仁	憨態妍恣女掌車，迎來送往計生涯。多情美目頻誰送，個個離愁正似麻。	臺南新報 12081 號 8 版	1935-08-23	左六右九

〔註 2〕翁聖峰：〈日治時期臺灣「女車掌」文學與文化書寫〉，《文史臺灣學報》第 1 期，2009 年，頁 210～214。

僑客	憨熊妍姿女掌車，迎來送徃計生涯。多情美目頻誰送，個個離愁正似麻。	詩報 114 號 7 版	1935-10-01	左六右九
（未注明）	嬌妍裝束自堪誇，逐日勞勞事掌車。悅色和顏勤待客，可憐都是爲生涯。	臺南新報 12081 號 8 版	1935-08-25	左九右十
游水木	嬈妍裝束自堪誇，逐日勞勞事掌車。悅色和顏勤待客，可憐都是爲生涯。	詩報 114 號 7 版	1935-10-01	左九右十

　　本章討論蕭乾源漢詩，試從文學的本體論與創作論觀察蕭乾源作品反映現實生活，表達思想情感現象，探究詩人顯意識的作用，透過文學外緣與內在研究，探討蕭乾源詩作的內涵及特徵，彰顯其漢詩書寫的文化意涵。接著再以文學現象論中的文學形式、技巧、風格等面向，以文學批評方式，分析詩人作品規範與美學取向。蕭乾源無論鑽研詩藝、吟詠個人情懷，或是以實用功能爲取向的應制酬唱，都是一種現實投影，反映出文學的社會化及普及化，看出漢詩寫作與當時台灣庶民生活的緊密連結。

　　蕭乾源以各種名號參加詩社課題、擊鉢、徵詩等活動，統計《資生吟草》影印手稿部分有漢詩 208 首，《旗峰鐘韻擊鉢詩集》中得漢詩 63 首、詩鐘 34 首，《旗美詩苑》漢詩 4 首，另外日治時期《詩報》、《台南新報》、《專賣通訊》、《南方》，以及戰後各詩社活動等整理出漢詩 93 首，扣除一詩數投情形，目前共計整理出蕭乾源漢詩 356 首。以下就內容題材將詩作分爲：寫景、詠人、詠物、感懷、敘事、酬唱等六類進行探究〔註3〕，各分類將列舉數首詩篇爲例，

〔註3〕根據賴子清在《台灣詩醇》中將其所蒐集之漢詩作分類成：天文、時令、地理、政治、儀禮、音樂、慶弔、集會、送別、應酬、遊眺、人事、人物、閨閣、文事、武備、技藝、寶飾、宮室、器用、飲食、草木、花果、鳥獸、魚蟲、詠史、雜採等 27 部，此 27 部在周定山所編的《臺灣擊鉢詩選》中少了政治、儀禮、應酬三部，多了寺觀、農村、漁家三部。參考上述分類原則，蕭乾源漢詩分類在細目上約可畫分爲天文、時令、地理、政治、慶弔、集會、送別、應酬、遊眺、人事、人物、器用、草木、花果、鳥獸、魚蟲、詠史、雜採、寺觀、農村等 20 部，爲求論文書寫明確，再參考黃文車《黃石輝研究》漢詩分類法，將蕭乾源漢詩所呈現的 20 部細目再進行歸類，依內容題材擬成寫景（鄉土景緻、自然風光、農漁風情）、詠人（世間人物、歷史人物、寄懷友人）、詠物（器物建築、草木花果、鳥獸蟲魚）、感懷（感於節慶、感於季景、感於人事）、敘事（記事遣懷、民族情懷、應和皇民化政策）、酬唱（慶賀弔唁、活動紀念、贈答帶作）共 6 大類 18 細項。見賴子清：《臺灣詩醇・前編》（台北：青木印刷所，1935 年 6 月）目錄部分、周定山：《台灣擊鉢詩選》（台北：詩文之友社，

就詩人詩作內容與寫作手法加以評析。

第一節　內容題材

日治時期，漢詩創作成為全民的文藝活動，隨著漢詩的持續發展與庶民化趨向，以台灣鄉土風物、時事為題材的漢詩越來越多，包含社會紀實與抒懷、描寫地方風物，以及吟風弄月的遊戲消遣之作，這些命題都是以「顯意識的作用」來規範文學創作，〔註4〕具有鮮明的時代形象與濃厚的生活氣息。

一、寫景

文人對於土地的認知，首先建立於外在空間的描寫，不管是自然風光、家鄉景物或是農漁風情等，都能看出詩人對地方人文風物的細膩觀察與喜愛。

（一）鄉土景緻

文學作品對鄉土史地面向的建構，有其意義與價值，尤其是融合自然人文的生活情景與情感，更是大大提升了鄉土景緻的感染力。旗山地處阿里山山脈蜿蜒西側，玉山山脈雄峙於東，楠梓仙溪、荖濃溪縱貫期間，群山環繞，包括旗尾山、鼓山、銀錠山（馬頭山）等，山勢海拔不高，綿延相連，景色秀麗，為人稱道，吸引文人騷客留下許多讚賞詩章。蕭乾源所描繪的鄉土景色含括旗山美濃兩地，作品有：〈鼓山春月〉、〈旗山橋遠眺〉二首、〈春日遊鼓山〉二首、〈旗峰曉翠〉二首、〈龍崗觀雲〉、〈內門列嶂〉、〈翠屏夕照〉、〈羅門探春〉二首、〈羅門秋色〉二首等，文字清新素雅，別有韻味。

1964 年 2 月）目錄前分類，以及黃文車：《黃石輝研究》目次摘要，嘉義：國立中正大學中國文學研究所碩士論文，2001 年 6 月，頁 3～4。

〔註 4〕　所謂「目的訴求」，是指文學創作所朝向的目標；它在創作的過程中是最後達到的，卻首先存在於創作者的意念中。……從創作者的觀點來看，他又可分為創作本身的目的訴求和創作者的目的訴求。前者以「文學本體」來說，所謂「反映現實生活」或「表現思想情感」或「自我指涉」是論者所期待於文學創作以為取向的。……至於後者，它是緣於創作者要藉作品（文學）來達到作品以外的目的而發生的；如有的要藉作品「謀取利益」，有的要藉作品「樹立權威」，有的要藉作品「行使教化」……這些都屬於創作者的目的訴求範圍。……文學創作一事所以可能或所以必要，那是創作者「顯意識的作用」結果……以顯意識的作用來規範文學創作，所成就的是命題（而不再是概括性的敘述）。詳見周慶華：《臺灣當代文學理論》（台北市：揚智文化，1996 年），頁 135～137。

　　旗尾山位於旗山美濃交界處，地勢巍峨秀麗，因山容呈現三角形，如滿清三角蛟龍旗，遠眺猶如無數旗幟飄揚，清乾隆巡台御史錢琦所寫的台陽八景詩，其中最後一句「旗尾秋蒐入望雄」即是在描寫旗山的自然風光與美景。蕭乾源寫道：

> 爲愛長橋夕照紅，憑欄縱眼望遙空。纔經雨後風光好，旗尾山頭掛彩虹。
>
> 徘徊人在霸頭東，白鷺橫天陣陣紅。山下牧童驅犢返，樵歌互答晚煙籠。（1930 年，《資生吟草》庚午年〈旗山橋晚眺〉二首）

旗山八景中的「重橋夕照」與旗山橋晚眺有異曲同工之趣，在旗山橋遠眺旗尾山日落美景，縱眼遙望彩虹倚山白鷺橫天，聽著樵歌應和，牧童驅犢，一幅鄉村美景躍然眼前。此外，旗山著名景點「鼓山」，隔著楠梓仙溪，與旗尾山遙遙相望，兩山對峙堪稱「旗鼓相當」，蕭乾源曾多次遊歷鼓山，登高遠眺寫詩抒懷：

> 拾級登來月色清，名山花草映分明。徘徊人在東風裡，無限吟懷爽氣生。（1930 年，《資生吟草》庚午年〈鼓山春月〉）
>
> 偷得浮生半日閒，飽看勝跡上名山。花香鳥語吟情溢，磬韻鐘聲俗慮刪。聳翠旗峰橫古色，拖藍瀰水見幽灣。忠君護國碑巍立，健筆長膽佐久間。
>
> 名誇八景古名山，山水清幽近市闉。神社威嚴參客集，佛堂靜肅老僧還。平蠻義塚松林外，征匪忠靈竹藪間。福地天然堪豹隱，肯從他處覓仙寰。（1942 年，《南方》第 153 期〈春日遊皷山〉二首）

「鼓山春望」爲旗山八景之一，是文士踏青吟詠的名山勝地，也是詩人寫作的好題材。早期鼓山爲公墓地，明治 39 年（1906），鄉紳商議遷移墓地，改建爲鼓山公園，是日治時代全省十二名勝之一〔註 5〕，光復後又改名爲中山公園。清朝以來，旗山族群關係緊張，官員曾立「同心赴義」石碑，希望閩、粵、番三族群能停止械鬥，和睦相處。明治 38 年（1905），石橋亨廳長於鼓山公園立

〔註 5〕 昭和 2 年（1927），台日社主辦台灣風景投票，票選台灣「八景十二勝」，旗山街的「旗山景色」當選爲十二勝之一。見曾中宜「1927 年旗山大事」，《旗山奇》，網址：http://www.chi-san-chi.com.tw/2culture/index.htm，檢索日期：2015年 4 月 12 日。

下「鼓山招魂碑」，令兩族靈位合埋鼓山，立大石碑，冀盼族群能共嬉遊以消弭夙怨。明治40年（1907）年12月，臺灣總督佐久間佐馬太來訪蕃薯藔廳，遊鼓山公園之際，了解閩粵族群爭鬥歷史，有感而發寫下「精忠護國」四字，隔年，石橋亨將總督手書刻石，立為「精忠護國碑」，除了紀念日本統治初期三十三名地方殉職之官員，也是為了化解當地閩、粵籍心結，以招攬民心。

根據《文化地理學》的說法：

> 我們顯然無法只把地景當成物質特性，我們也可以將其視為「文本」予以解讀，並且告訴居民和我們自己有關人群的故事——涉及他們的信仰與認同。……由於地景有所謂的雙重編碼（double encoding），使得情況益顯複雜。這是指地景被置入另一種再現之中。在已經充滿意義的地景上，我們又添上自身的當代價值，情況因而變得錯綜複雜。〔註6〕

不同於1930年單純的閒情吟詠，1942年正值日本力行同化政策，蕭乾源除了歌詠鼓山為清幽福地，詩作中也融入地方文史，出現「忠君護國」、「神社威嚴」、「長瞻佐久間」等頌揚母國的詞彙。此類具有皇民意識的詩作，不僅是蕭乾源的文學抒懷，或可藉此表明自身政治立場，避免成為日本政府監控刁難的黑名單。此時，地景書寫已非單純描摹自然風光，更包含不同時期、不同身分的文人表現，這些隱含在地景背後的歷史發展與價值意涵，也體現了台灣文學的特殊性。

康熙時期高拱乾創立「台灣八景」，影響擴及後來的文人創作，乾隆後各地方也開始有八景之選，在各地進行八景詩的書寫，〔註7〕旗山地區也不例外。旗山市街三面環山，楠梓仙溪縱貫其中，環境優美且歷史悠久，吸引遠近詩人墨客吟詠此處佳景。旗山八景包括：旗峰翠曉、鼓山春望、柚林歸鷺、嶺南煙雨、仙溪泛舟、長堤步月、重橋夕照、玉枕雲雪等〔註8〕，可惜不知是

〔註6〕 Mike Crang 著，王志弘、余佳玲、方淑惠譯，《文化地理學》（台北：巨流圖書公司，2003年），頁52。

〔註7〕 乾隆一朝最值得注意的是，臺灣已出現「聚落型八景」與「私人園林八景」，透過八景的訂定，已由府、縣、廳級的大區域，進入地方上的聚落小區域，甚至連民眾都感染了選定八景的風氣。清代台灣最早出現的「聚落型八景」，是臺灣南部鳳山境內的「鼓山八景」和「龜山八景」。劉麗卿：《清代台灣八景與八景詩》（台北：文津出版社，2002年），頁35～36。

〔註8〕 旗山八景分別為：旗峰曉翠、鼓山春望、柚林歸鷺、嶺南煙雨、仙溪泛舟、

由何人定下此八景。蕭乾源曾描寫〈旗峰曉翠〉：

積翠朽峯麗，晴空曙氣清。皷山濃霧罩，淡水碧痕生。

瀲艷霞光滿，蒼茫黛色橫。綠窗誰起早，寫照愛新晴。

（1936 年，《詩報》第 123 號，高雄州下聯吟會擊鉢〈旗峰曉翠〉）

聳立羅門翠黛橫，芙蓉萬疊自崢嶸。眉形遠映逢秋麗，鬢影新妝向曙明。綠繞仙溪流水碧，青分鼓岫曉氛清。靈峰秀起騷壇幟，藉捲文風振八紘。〈旗峰曉翠〉〔註9〕

旗尾山臨近楠梓仙溪，水氣較重，雨後隔日清晨易出現大霧瀰漫、雲層深厚的奇特景色，此時遠眺旗尾山，林翠若隱若現，似籠一層薄紗，令人陶醉。兩首詩中提及鼓山、羅門、仙溪、靈峰等，描述旗山的地靈人傑，詩人極目遠眺，胸襟隨之開闊，不只寫景之秀麗，更期待能振興騷壇，弘揚文風至八方極遠之地。

清代臺灣有鳳山縣八景〔註10〕，民國 47 年（1958），高雄縣文獻會也新定高雄八景〔註11〕並向海內外徵詩，刊載於民國 49 年（1960）高雄縣文獻會出版的《高雄縣志稿藝文志》，其中張相所評選的〈龍崗觀雲〉，由蕭乾源獲得首獎：

絕頂登臨去，龍崗氣象雄。雲羅鋪疊嶂，霧縠接長空。

鼓岫蒼茫外，旗峰指顧中。家山何處是，親舍望無窮。〈龍崗觀雲〉

〔註12〕

長堤步月、重橋夕照、玉枕雲雪等，參見國立屏東師範學院編：《認識高雄縣》，臺灣省政府教育廳，1994 年，頁 174。

〔註 9〕 本詩引自〈旗山八景〉，《旗山奇》，網址：http://www.chi-san-chi.com.tw/4playfun/tour/8scene/index.html，檢索日期：2014 年 8 月 8 日。

〔註10〕 乾隆 7 年劉良璧《重修福建臺灣府志》：鳳岫春雨、琅嶠潮聲、泮水荷香、岡山樹色、翠屏夕照、丹渡晴帆、淡溪秋月、球嶼曉霞。光緒 20 年盧嘉德《鳳山縣采訪冊》：鳳岫春雨、龍巖冽泉、淡溪秋月、球嶼曉霞、岡山樹色、泮水荷香、翠屏夕照、丹渡晴帆。見李知灝：《從蠻陌到現代——清領時期文學作品中的地景書寫》（台南市：台灣文學館，2013 年 8 月），頁 128、130。

〔註11〕 民國 47 年重定的高雄縣八景有：鳳岫織雨（原「鳳岫春雨」）、淡溪秋月、超峰晚鐘（原「岡山樹色」）、翠屏夕照、貝湖春曉（鳥松澄清湖）、龍崗觀雲、內門列嶂、汕尾歸舟（林園）。

〔註12〕 黃福鎮：《戰後高雄地區傳統詩研究》，高雄：國立中山大學中國文學研究所碩論，2009 年，頁 217。

龍肚位於美濃區東端，是美濃通往六龜山路的隘口，因三面環山，其狀如龍，村庄落於內，如在龍肚裡，因以「龍肚」稱之。此地山明水秀，地靈人傑，附近丘陵除了茶頂山外，還有龍山（又名蛇山、橫山）與大小龜山，因山勢迂迴，早晨或黃昏常可看見雲霧繚繞山腰，景色優美宜人，加上傳統社會中為龍象徵帝王，龍形山脈風水極佳，常成為詩人吟詠對象。〈龍崗觀雲〉為龍肚美景之一，蕭乾源詠道：「雲羅舖疊嶂，霧縠接長空。鼓岫蒼茫外，旗峰指顧中」，遠眺旗尾、鼓山，雲霧蒼茫，更顯不凡氣勢。美濃詩人陳保貴與朱鼎豫也曾寫過〈龍崗觀雲〉〔註13〕，只是詩人觀雲角度不同，或從茶頂山往下看，描繪山形雲幻，或由龍山地形開始，描述雲氣繚繞龜山之景，讚美龍山緊鄰荖濃溪，視野廣闊，景色優美，儼若臥龍崗，適合志者躬耕閒居。

　　另有「內門列嶂」、「翠屏夕照」二景：

　　　　曳帳羅門裡，林巒氣象幽。重圍千嶂秀，複岫五雲浮。

　　　　玉枕明如畫，銀屏翠欲流。將軍疑勒馬，屹立望神州。〈內門列嶂〉

　　　　返照呆罳麗，連峯著絳衣。觀音成瑞靄，貝闕暈殘霞。

　　　　彩散蓮池灩，光迴鳥徑斜。江河悲日下，客思逐歸鴉。〈翠屏夕照〉

　　　　〔註14〕

前首詩描繪羅漢門景色宜人，雲山清風，層巒疊嶂蔚為奇觀，不同於陶淵明《歸去來兮》：「雲無心以出岫，鳥倦飛而知還。」的隱者心境，文中將軍勒馬望神州更顯詩人入世情懷。後首詩描寫觀音山側的落日美景，根據乾隆 7年劉良璧《重修福建臺灣府志》與光緒廿年盧嘉德《鳳山縣采訪冊》，皆列名「翠屏夕照」為鳳山縣治八景之一，清朝黃夢蘭的〈翠屏夕照〉，描繪的就是觀音山斜照美景。鳳山縣觀音山，在縣北二十餘里，脈由虎形山出，高三里，長十五里，陡起十九峰，中一峰屹立如菩薩趺坐，眾小峰拱峰於側，不可名狀。其麓一巖，名曰翠屏。〔註15〕根據高雄縣政府所立的「翠屏岩」碑記記

〔註13〕陳保貴〈龍崗觀雲（茶頂山）〉：「蜿蜒出自東，形式與龍同。五風方舒翼，穴龜欲吐虹。憑他雲變幻，依我意潛通。造化原無極，凝眸樂境中。」；朱鼎豫〈龍崗觀雲〉（之一）：「龍地如龍臥，奇觀內外聞。嵐光龜嶺合，翠色馬頭分。清曉籠朝露，黃昏罩暮雲。鄉心無限感，遊子思紛紛。」（之二）：「形奇真秀絕，儼若臥龍崗。諸葛躬耕地，子陵獨釣場。六龜山聳翠，五鳳嶺含光。極目層巒外，餘暉罩夕陽。」

〔註14〕黃福鎮：《戰後高雄地區傳統詩研究》，頁 219、221。

〔註15〕清乾隆鳳山縣人黃夢蘭〈翠屏夕照〉：「日落滄江好，揮戈射翠屏。半規誰點

載：翠屏岩在觀音山麓，山脈白虎形，山出蜿蜒十五里。相傳觀音山旁有一
座大覺禪寺，爲清康熙鳳山知縣楊芳聲所建，因有一巨岩藏風聚氣，康熙敕
旨賜名爲「翠屏岩」，由此可知翠屏美景由來已久。罘罳原爲宮闕中花格似網
或有孔的屏風，詩人云：「返照罘罳麗，連峯着絳衣。」用來形容山峰相連如
瑰麗畫屏，觀音山區因多單面山，巨岩後峭壁如屏風矗立，向晚時分，漫天
橘紅斜照，更顯山城暮靄之美。本詩前四句言暮山餘暉之美，五六句斜照下
的水面景色，皆爲寫景，結尾「江河悲日下，客思逐歸鴉。」一聯由景生情，
免於有景無情之病。

（二）自然風光

描寫自然風光的作品包括〈雨意〉四首、〈月影〉、〈江風〉二首、〈裁雲〉
二首、〈春雪〉、〈秋聲〉二首、〈秋光〉二首、〈濃山秋景〉二首、〈秋江盟鷗
圖〉二首、〈冬暖〉三首、〈秋思〉二首等。蕭乾源國學底子深厚，擅長用典，
描寫自然風光的詩篇中，除了景色摹寫精彩外，更常見各類典故，例如：

> 一片滄茫九派通，封姨鎮日逞威雄。頻翻巨浪成天塹，時激奔濤幻
> 雪嵩。數陣海門推急雨，幾番浦口拂斜蓬。痴心我欲追宗愨，獨立
> 江頭待御風。
>
> （1943 年，《資生吟草》癸未旗峰課題〈江風〉二首之一）

「封姨」是神話裡的風神，以封姨逞勢形容「驚濤裂岸，捲起千堆雪」之景，
再引用南朝宗愨少時，叔父宗柄問其志向，回答：「願乘長風破萬里浪」之故
事，說明詩人迎風獨立江岸心境。詩中蕭乾源御風立岸瞻望前程，相信自己
終能擺脫困境，期望能如宗愨不畏強風急雨，懷抱乘風破浪的遠大志向，奮
力前行。

> 無心出岫疊崔嵬，擬待從龍天際飛。風剪鏤開成舞服，雨絲穿就幻
> 戎緋。彩兮華蓋功稱著，艷比霓裳妙入微。朵朵裁刪思韻事，唐宮
> 承寵想楊妃。（1943 年，《資生吟草》癸未旗美課題〈裁雲〉二首之
> 一）

本詩由景入情，先描寫白雲繚繞層巒，轉而聯想「龍起生雲」，在天際幻化成

級，孤嶂獨娉婷。殘照浮金鏡，斜照篆玉硎。閒來欣晚對，凭几拾餘青。」
全詩描述夕陽照射海面與山巖之景象。林正三輯釋：《輯釋臺灣漢詩三百首》
（台北市：文史哲出版社，2007 年 7 月），頁 62～63。

各式景象，彩艷無比，最後再以李白〈清平調〉中的「雲想衣裳」發想，帶出玄宗寵戀貴妃之韻事，更顯雲之奇特。

> 無心車馬走遙峰，石燕商羊飛舞從。疑是禹門鯉角露，風雲際會待
>
> 成龍。（1952 年，《資生吟草》壬辰鳳山課題〈雨意〉四首之一）

「石燕」典出北魏酈道元《水經注·湘水》，相傳石燕平時為石，遇風雷則如燕翔，故在傳說中與強風有關。〔註 16〕「商羊」〔註 17〕則是中國神話記載的鳥名，乃知雨之物，傳說飛舞時天將大雨，下雨前會屈一腳跳舞，故以商羊鼓舞比喻降雨。禹門即龍門，相傳為夏禹所鑿，詩中引《三秦記》中「鯉魚躍龍門」之典，形容鯉魚登上龍門之際，即有雲雨隨之而來，天降大火燒其尾巴，於是幻化成龍。詩中連用三個典故描寫雨意，描摹自然，獨具特色，非有深厚國學蘊底，實難駕馭自如。

蕭乾源作品中也有許多描寫四季色彩的詩篇：

> 豐年有兆喜農民，六出繽紛報好春。最是蟾光添瑞彩，江山萬里白
>
> 如銀。（1942 年，《資生吟草》壬午旗美課題〈春雪〉）

雪花六角，別稱六出，詩中描繪大雪紛紛帶來豐收的喜兆，在一片的雪白世界中，月光映雪更添情意。俗話云：「瑞雪兆豐年」，嚴冬積雪覆蓋大地，預示著來春是個豐收之年，農民喜上眉梢，更顯春雪美好。

> 一幅丹青點綴工，成群鷗鷺戲流中。尋盟江上斜陽裡，添寫蘆花弄
>
> 晚風。
>
> 縑細一幅畫來工，戲水群鷗樂意融。相近相親疑雨後，夕陽江上掛
>
> 長虹。（1931 年，《資生吟草》辛未年〈秋江盟鷗圖〉二首）

此圖描繪雨後江上斜照迎虹，岸邊蘆花輕擺，成群鷗鷺戲水同樂之景，令人陶然忘機。詩人藉由如畫如詩、動靜皆美的自然風光，表現出閒雅愜意的悠

〔註16〕 「石燕」在中國古代神怪傳說中，可見其蹤跡，如《水經注·湘水》云：「(湘水) 東南流逕石燕山東，其山有石紺而狀燕，因以名山。其石或大或小，若母子焉，及其雷風相薄，則石燕群飛，頡頏如真燕矣。」見李知灝：《從蠻陌到現代——清領時期文學作品中的地景書寫》，頁 35。

〔註17〕 《孔子家語·辯政》：「齊有一足之鳥，飛集於宮朝下，止於殿前，舒翅而跳。齊侯大怪之，使使聘魯問孔子。孔子曰：『此鳥名曰商羊，水祥也。昔童兒有屈其一腳，振訊兩眉而跳，且謠曰：天將大雨，商羊鼓舞。今齊有之，其應至矣。急告民趨治溝渠，修堤防，將有大水為災。』頃之大霖，雨水溢泛。」《孔子家語·辯證》，中國哲學書電子化計劃，網址：http://ctext.org/kongzi-jiayu/bian-zheng/zh，檢索日旗：2015 年 3 月 14 日。

遠情韻，情意盎然，耐人尋味。

> 肅殺西風四野鳴，幾疑萬馬戰荒城。誰家寒杵三更急，何處疎鐘五
> 夜清。竹雨頻敲無限恨，松濤時湧不平聲。歐公有賦同懷切，獨倚
> 欄杆月正明。（1936 年，《資生吟草》丙子旗峰擊鉢〈秋聲〉二首之
> 一）

詩中由秋聲起興，從「疑萬馬戰荒城」、「寒杵三更急」營造出秋聲悚然，動
人心魄，後由竹雨頻敲與松濤時湧，帶出詩人內心有恨不平，卻只能獨自倚
欄望月，難以成眠。詩人以歐陽脩〈秋聲賦〉為引，以具體物象形容抽象秋
聲，讓秋聲如見如聞，展現出敏銳的觀察與感受力。

> 蕭瑟西風夕照紅，餘輝激灩襯丹楓。蘆花閃閃翻金浪，晚雨瀟瀟貫
> 彩虹。十二樓台迷幻裡，三千世界滅明中。詩人惟愛團圓月，入夜
> 清光滿大同。（1943 年，《資生吟草》癸未旗美擊鉢〈秋光〉二首之
> 一）

十二樓臺為神話傳說中的仙人居處，大千世界原指由小千、中千輾轉集成為
大千，謂之三千世界。文中詩人從虛無難尋的仙人處所，與人世明滅的紛紜
諸相中，體會出團圓的美好，若有似無的禪意，更擴大了詩作境界。此外，
詩中出現「夕陽紅」、「丹楓」、「金浪」、「彩虹」、「清光」等字詞，不僅緊扣
「秋」與「光」，更讓整首詩畫面繽紛，充滿綺麗色彩。

（三）農漁風情

描寫農漁風情的作品包括：〈春耕〉三首、〈垂釣〉二首、〈雞聲〉三首、
〈蔗苗〉等。〈春耕〉一詩寫到：

> 青帝正司權，三農好力田。一犁春水足，滿眼稻秧妍。
> 沃地東風暖，沾衣杏雨綿。黎民欣盛世，擊壤頌堯天。
> 　　　　（1942 年，《資生吟草》壬午旗美課題〈春耕〉三首之一）

青帝，相傳為中國古代五帝之一，掌管天下的東方，對應春天，五色屬青色，
三農指農事、農村、農民，《擊壤歌》是中國上古時代流傳的民歌，說明堯帝
時代人民豐衣足食，過著太平生活。詩中青帝、力田、春水、東風、杏雨、
滿眼稻秧等，帶出春耕情境，再以百姓樂而擊壤，說明人民安居樂業，甚有
餘閒遊戲，喜迎太平盛世。詩人也以姜太公〈垂釣〉為意象創作：

> 一簑煙雨釣江門，注視絲綸逐浪翻。但願上鉤三尺鯉，歸來沽酒樂
> 忘煩。

蘆花深處坐黃昏，爲釣翻江千歲鼋。莫笑垂竿無大志，興周八百太
公尊。（1944 年，《資生吟草》甲申旗美課題〈垂釣〉二首）

商周末年，紂王暴虐無道，呂尚（姜子牙）垂釣磻溪，遇到求賢若渴的周文
王，被立爲軍師，輔周伐紂，成了興周八百年的功臣。如同白居易《渭上偶
釣》所言：「釣人不釣魚，七十得文王」，此處詩人也非閒情垂釣，垂釣目的
直指翻江千歲鼋，豈無大志。詩中借用姜子牙隱釣爲水的典故，說明己身敬
仰太公興周之胸懷與期望，雖在日本統治下，台灣人較難一展抱負，表面上
只能垂釣自樂，但對未來仍懷抱雄心大志，具有積極入世的情操。

二、詠人

蕭乾源詠人詩作多來自課題或徵詩，部分思想性不強，但設想奇特、用
字精鍊。透過詩作我們也能得知當代社會現象，發掘詩人自我投射意識與其
交遊狀況。

（一）世間人相

蕭乾源詩作中曾多次出現美人形象，其描寫世間人相的作品包括：〈從良
妓〉五首、〈美人〉三首、〈畫中美人〉二首、〈女車掌〉三首、〈青樓怨〉三
首、〈薄命花〉三首、〈笑花〉等。

日治時期，旗山市街工商熱絡，百業興盛，文人們狎妓出遊，前往聲色
場所尋花問柳、吟詠交驩實乃常見娛樂，宴集活動中出現藝妓相陪的場面，
幾乎是臺灣詩會中的慣例。藝妓在大會活動中大致上做的是彈琴、侑酒、高
歌、陪（說）話等，各種餘興節目的安排，增強了民眾參與詩社的動機，雖
陸續有人針對此現象提出建言〔註18〕，但風氣似乎有增無減。昭和 11 年（1936）
滌庵曾寫下：

詩星朗朗耀旗山，暢飲開懷百慮刪。底事筵中題訪艷，醉餘竟困美
人關。醒時旭日上窗紗，本欲登堂客路賒。齒頰餘香留我輩，酹恩
有紙筆無華。（1936 年，《詩報》第 124 號〈呈旗峰吟社諸君子〉）

〔註18〕例如昭和 7 年（1932）1 月 1 日《詩報》27 號上史雲由於受到新文化人士廢
娼運動影響，爲文〈壬申年全島聯吟大會之一提議〉提議廢除以往在全島聯
吟大會，招致藝妓談唱侑觴以助興的慣例。顧敏耀、薛建蓉、許惠玟：《一線
斯文：臺灣日治時期古典文學》（台南市：臺灣文學館，2012 年 11 月），頁
293。

文中描寫滌庵與詩友一同吟詩歡飲，席間有美人相陪，氣氛歡愉，使其醉困美人關，醒來已是翌日。文中滌庵風流自許，不避諱表達自己樂與藝妓逢場歡樂，也可知旗峰吟社聚會時，不乏藝妓侑酒助興。蕭乾源風流倜儻，也常在聲色酒筵間觸發詩情，描寫世間人相，包括許多風月場所觀察到的人物特色，例如〈美人〉：

> 嬌嬈媚態本天真，西子前身卿後身。最是紅顏偏命薄，綠章我欲向天中。
>
> 明眸皓齒與朱唇，十五年華更可人。我也多情如杜牧，未甘遲暮負芳春。
>
> 貌似驪姬世所珍，不塗脂粉出天真。任他一朵如花艷，卻遜花容歲歲春。（1935 年，《詩報》第 101 號，旗峰吟社擊缽〈美人〉三首）

文中詩人將美人比爲西子、驪姬，或以杜牧與弋江歌妓蘇柳云的愛情爲本，自比多情杜牧，或嘆紅顏薄命，欲以綠章（青詞）爲表文向天申訴。推測美人應爲酒家或是吟詩作陪的妙齡女子，酒酣耳熱之際見此佳人，才會讓二十多歲的蕭乾源如此動心。本次擊缽活動由陳天然任左詞宗，阮文仁爲右詞宗，蕭乾源以「蕭乾元、蕭雲津、蕭資生」等名投稿，分別獲得左花右五、左臚右七及右八等佳績。

另一首〈畫中美人〉中：

> 一幅風流艷畫宜，十分春色個中披。乳峰高聳幾無掛，玉體豐盈神欲馳。疑是楊妃經晚浴，恍如西子正幽思。阿誰妙筆堪稱絕，費殺痴人欲染脂。（1951 年，《資生吟草》辛卯旗美課題〈畫中美人〉）

本詩爲民國 40 年（1951）旗美課題之作，詩中用字淺白艷俗，語涉浮薄，不避狎邪，極盡旖旎之態，可見戰後這種以詩酒助興、流連花叢的風氣並未稍減，〔註 19〕當時擊缽吟會仍存在宴玩交遊的社交意義，聚會現場經常觥籌交錯，氣氛歡愉。

〔註 19〕許俊雅：「《台灣詩學》第 1 輯於民國 37 年（1948）10 月 10 日發行，隔月 11 月 30 日發行第 2 輯……本刊廣拉各式廣告贊助，到了第 2 輯頗見酒家之廣告，「樂園酒家」、「牡丹酒家」、「太白莊酒家」、「昭樂樓酒家」等，地址皆在北斗鎮，足見傳統文人以詩酒助興、流連花叢之風並未稍減。」見〈台灣文學期刊目錄資料庫——台灣詩學叢刊〉，《國立台灣文學館》，網址：http://dhtlj.nmtl.gov.tw/opencms/journal/Journal050/，檢索日期：2015 年 2 月 16 日。

　　日治時期，「徵詩」不僅是交際應酬的工具，後來更成爲附庸風雅或打響自身名號的手段之一。昭和年間《詩報》上處處都是「徵詩」廣告，各行各業皆可創作投詩，甚至藝旦妓女也加入徵詩行列。舉例而言，《南方》139 期有嘉義西薈芳藝妓彩雲，以〈薄命花〉廣徵全島名作，聘請黃傳心、吳紉秋爲詞宗，不到兩個月內得詩 1184 首，因反應熱烈遂再進行第二期、第三期之徵詩。《南方》143 期也有台中醉月樓名妓玉雲，聘請陳雪滄、施讓甫擔任詞宗，以〈青樓怨〉爲題徵詩，自我推銷，〔註20〕期間蕭乾源也曾創作投稿：

　　　雨□風摧暗愴神，愛花誰是惜花人。紅顏畢竟都成讖，那得東君護
　　　此身。（1942 年，《南方》第 147 期，南方詩壇〈薄命花〉三首之一）

　　　落花飛絮掩青樓，一曲琵琶萬種愁。薄命恨無紅拂眼，從良何處覓
　　　王侯。（1942 年，《南方》第 147 期，南方詩壇〈青樓怨〉三首之一）

自古紅顏多薄命，藝妓貌美命薄，送往迎來卻無主護花，難得春神眷顧，卻恨無紅拂慧眼難覓王侯，只能如檻中獸、籠中鳥般怨倚青樓，以琵琶訴情。詩中道出藝妓受制老鴇，沒有人身自由，即使遇到理想的對象，也不一定能從良嫁作人婦的苦楚。

　　日治時期，舉止高雅的藝旦有別於一般娼妓，有些於芳齡年華便嫁做人婦，有些卻是人老珠黃後淪爲私娼，喪失了昔日的風華，抑鬱而終，命運兩極。〈從良妓〉中寫到：

　　　金縷歌聲從此停，而今不羨錦纏頭。乘龍喜配佳公子，琴瑟和鳴鳳
　　　願酬。

　　　悔恨秦樓露水緣，管絃徹夜怎成眠。從茲遂願從良去，借詠關雎第
　　　一篇。

〔註20〕黃美娥：「《風月》爲《南方》前身，創刊以來，充斥周旋於花柳宴席的詩文，
　　　　《南方》139 期更有藝妓徵詩〈薄命花〉，由嘉義西薈芳藝妓彩雲所徵，共得
　　　　1184 首。台中醉月樓名妓玉雲，因此影響，也在 143 期徵〈青樓怨〉（陳雪滄、
　　　　施讓甫擔任詞宗），自我推銷。」黃美娥：《古典臺灣：文學史、詩社、作家
　　　　論》，頁 203。楊永斌：「有名爲『玉雲』之北地妓女，以『青樓怨』爲題徵詩，
　　　　還聘請陳雪滄、施讓甫擔任詞宗；又有『彩雲』之嘉義名妓，以『薄命花』
　　　　廣徵全島名作，聘請黃傳心、吳紉秋爲詞宗，結果不到兩個月內，得詩 1184
　　　　首，如此熱烈之反應，後來遂再進行第二期、第三期之徵詩。」楊永斌：〈從
　　　　「風月」到「南方」──論析一份戰爭期的中文文藝雜誌〉，《風月・風月報・
　　　　南方・南方詩集　總目錄、專論、著者索引》（台北：南天書局，2001 年），
　　　　頁 107。

超昇苦海謝蒼穹，願爲偏房忍寸衷。大婦倘能翻醋甕，問君是否怕
河東。

好拋歌扇付江潮，皮肉生涯恨已消。從此春藏金屋裡，香衾同度合
歡宵。

捨卻琵琶習女紅，此身幸脫火坑中。而今嫁作商人婦，雙宿雙棲樂
亦融。（1930 年，《資生吟草》庚午年〈從良妓〉五首）

藝旦欲脫離妓女身分，但從良後仍須面對現實問題。詩中從良妓不羨錦繡纏
頭，也悔恨露水姻緣，盼能脫離火坑苦海，哪怕夫懼河東也願爲偏房，只希
望不再唱曲娛賓，能專心侍奉良人。藝旦表面看似風光，夜夜與仕紳富豪應
酬交驛，實際上卻是處於社會底層的人物，儘管有從良機會，卻仍可能所託
非人或遇到「大婦翻醋甕」，再回到煙花巷內重覓良人〔註21〕，這些悲苦與無
奈外人實難理解。此外，在〈雞聲〉詩中：

樹下籬邊喔喔聞，喚鶵覓餌日將曛。女權今日歌平等，唱曉何妨讓
牝群。（1952 年，《資生吟草》壬辰鳳山課題〈雞聲〉三首之一）

詩人以牝雞鳴叫爲題，應和當時社會追求女權平等的議題，「唱曉何妨讓牝群」
一句雖可見詩人尊重男女平權觀念，但「牝雞司晨」卻有暗諷婦女掌權當政
之意，整首詩看來肯定兩性平等，卻仍在字詞中讀出以男性爲中心的主觀評
述角度，看出詩人尚未眞正跳脫男尊女卑的傳統價值觀。

考察日治時期的台灣文壇，可由詩題發現漢詩與時俱進的特質，許多知
識分子透過報刊發表許多包括女性在婚姻、教育、經濟、參政上的重要議題，
〔註22〕社會開始觀照婦女運動、女性形象與時代滄桑，許多新時代產物及大
眾議題開始成爲書寫題材，除了職業婦女外，電話接線生和車掌，也引起文
人莫大之興趣。

電話接線生和車掌是臺灣開始有民用電話和公車後出現的新職業，根據

〔註21〕 如詩句「去年悔作小姨娘，大婦爭風鬧幾場。莫笑楊花成痼性，舒開巨眼再
從良。」（1931 年，《資生吟草》辛未年〈代碧珠女校書答輕情郎〉）
〔註22〕 翁聖峰：「日治時期新知識分子透過《臺灣青年》、《臺灣》、《臺灣民報》、《臺
灣新民報》等報刊發表許多女性在婚姻、教育、經濟、參政的重要議題，政
治社會運動及農工階級運動亦甚關切婦女解放運動，作者創作漢詩，包括女
車掌題材文學，本來就可偏重在社會性或遊戲性（趣味性）。」翁聖峰：〈日
治時期臺灣「女車掌」文學與文化書寫〉，頁 209。

游鑑明《日據時期臺灣的女子教育》，應徵者需具備公學校畢業學歷，但有志者甚眾，錄取不易。〔註 23〕日治時期「女車掌」的興起，與官方進行交通運輸建設相關，女子擔任車掌以改善家計，就是經由經濟與生產所帶起的女性新興職業。以旗山為例，昭和時期已有三家自動車株式會社〔註 24〕，因女車掌人數逐漸增加，服務與韻味又與傳統男車掌不同，因此能引起詩社注意，藉由擊鉢或課題創作〈女車掌〉與社會新風氣相互呼應。蕭乾源在〈女車掌〉詩中說到：

> 結束身材妙似花，司機人共計生涯。憐他市上囂囂處，時囀珠喉報
>
> 下車。（1935，《詩報》第 114 號，旗峰吟社擊鉢〈女車掌〉）

詩人從服裝、身材、動作、聲音、風韻描摹女車掌，文中先以「結束身材妙似花」形容女車掌的佳麗形象，再以「時囀珠喉報下車」形容女車掌悅耳的報站聲。作者以男性視角出發，真實表現女車掌除了工作辛勞與危險外，外貌身形及親切溫柔的女性特質，都是大眾關注的焦點。

除了旗峰吟社課題外，栗社、以文吟社、仰喬軒皆有〈女車掌〉的擊鉢創作，正好呼應漢詩的社會化及生活化，不僅描繪出詩人眼中的職場女性，也反應社會對女車掌的勉勵與關心，看見職業婦女慢慢獲得傳統文人的認同。部分詩人也曾針對社會事件，作詩叮囑「寄語芳心宜自護，司機人盡野心家。」〔註 25〕，提醒女車掌終日與運轉手相處，應小心情感糾葛，自我保護。能與新聞時事互相呼應，為各個不同階層發聲，亦可證漢詩創作的時代價值，也成為另種史料證據。

日本殖民期間，台灣正體驗現代化歷程，女性受教育比例逐年提昇，隨著時代發展，女性透過就業逐漸獲取經濟獨立，打破傳統「男主外，女主內」模式，也鬆動了男性為主的支配關係。現代化過程中出現許多女性新興職業，

〔註 23〕 李毓嵐：〈日治時期臺灣傳統文人的女性觀〉，《臺灣史研究》16 卷 1 期，2009年 3 月，頁 108。

〔註 24〕 昭和 7 年（1932）旗山的大眾運輸業有旗楠自動車株式會社、榮和自動車株式會社，以及東榮自動車會社等三家公司，行駛六條營運路線，為旗山地區居民提供往來的交通工具。昭和 14 年（1939），以公共汽車為主的大眾運輸已發展至十條營運路線，至此，北高屏以旗山為中心的大眾運輸網略見雛形。見〈1932 年旗山大事〉，《旗山奇》，網址：http://www.chi-san-chi.com.tw/2culture/db/big_event/1900-1999/1932.html，檢索日期：2015 年 7 月 10 日。

〔註 25〕 蕭乾添〈女車掌〉：「時裝窈窕好年華，旦夕慇懃為掌車。寄語芳心宜自護，司機人盡野心家。」《臺南新報》12081 號 8 版，1935 年 8 月 23 日。

在文學創作中成為具有時代感的新題材，這些較為時尚的女性與新興的婦女職業，改變日治女性的視野與生活空間，並且提供女性地位提昇的基礎。女性投入新興職業所帶來的時尚感，不斷在報紙媒體中被強化，不僅取得部分經濟權，也象徵女性逐漸走出家庭經濟束縛，不再完全受到父權經濟的控制。女性意識的崛起與進步，意味男女地位已非絕對懸殊，以其為題材的漢詩創作，顯示日治時期新舊遞變的過渡現象，儘管根深柢固的傳統女性地位並非輕易就被改變，但隨著時代演進，男性詩人也開始重視兩性平權觀念，有著一定程度的現代性與自省能力，漢詩人對女車掌的另眼觀看並非特例，反映出此時期的共有現象。

（二）歷史人物

詩人常常藉著歌詠歷史人物，投射自我理想典型，除憑弔其功業外也以此自勵自許，或是以此撫慰現實世界的缺憾，抒發對時局的感傷與無奈。描寫歷史人物的作品包括有〈甘露寺取婿〉三首、〈賈誼〉、〈辛卯詩人節紀念鄭成功〉、〈辛卯詩人節懷沈斯菴〉、〈追懷七十二烈士〉、〈春日訪鄭王梅〉、〈五日感懷〉二首等。列舉以下幾首歌詠歷史人物之作：

> 華政上書憂七國，憐忠作賦弔三湘。長沙謫去空悲憤，禮樂終難冠李唐。
> 葵心空向日斜時，萬右長沙過客悲。憂國上書難華政，漢文有道竟狐疑。（1930年，《資生吟草》庚午年〈賈誼〉二首）

賈誼為西漢政論家、文學家，年十八已能誦詩書屬文稱於郡中，文采與見識深受後人讚嘆。賈誼少年得志，因招妒被遣調出京，途經湘水時作《弔屈原賦》，借憑弔古人抒發自身感慨。他在謫居長沙時作《鵩鳥賦》，強調禍福榮辱皆不以為意，也是貶謫時哀傷情緒的自我排遣，雖曾重召回京卻未再受重用，後任長沙王太傅，因梁懷王墜馬身亡，竟傷感過度而死。賈誼深謀遠慮卻因遭排擠，未能施展政治抱負。詩人精要概述賈誼一生，藉賈誼上書對比自身憂國上書之心境，以葵花傾日卻只能空向斜照，暗諷日方廢漢文之作為，憂嘆「漢文有道」竟受阻，更見詩人用心維繫漢學詩文的立場與態度。

在〈五日感懷〉中說到：

> 端陽佳節感盈懷，天賦騷人命豈乖。我也相憐同賈誼，招魂待哭楚江涯。（《旗峰鐘韻擊缽詩集》〈五日感懷〉）

詩中賈誼觸景感慨，對屈原生前遭遇寄以極大同情，其實也是抒發自己不受

重用與不甘屈服的心情，既是弔古，也是傷今。蕭乾源以賈誼弔屈自比心境，強調儘管環境惡劣，悒鬱難當，仍要頑強活著，才能不受制於螻蟻之輩，這樣的情思也應和著詩人心志。

> 心機徒費嘆周郎，賠了夫人又折艖。假弄姻緣眞撮合，千秋艷事說吳江。（1949 年，《資生吟草》己丑旗美擊鉢〈甘露寺取婿〉）

甘露寺在鎮江北固山，因《三國演義》劉備招親故事而聞名。文中以劉備過江招親爲典，笑談孔明三氣周瑜，賠了夫人又折兵之事。雖然甘露寺招親悖離史實，但情節鬥智懸疑，精彩絕倫，一樣引人入勝，流傳千古。

戰後，旗峰吟社重振旗鼓，蕭乾源與友人一同參加全國詩人大會，寫下紀念鄭成功及沈光文的詩作：

> 辛卯端陽憶大賢，沈公偉業挽回天。瀛洲始祖推文獻，明室功臣入史編。
>
> 民族維揚宣正氣，國風遠佈掃蠻煙。延平氣節同堪仰，府誌留名萬古傳。（1951 年，《資生吟草》全國詩人大會課題〈辛卯詩人節懷沈斯菴〉）
>
> 騷人佳節拜遺風，追念孤臣貫日忠。不屈滿奴飄海外，長驅荷鬼據瀛東。
>
> 軍防律政傳奇績，教化農工頌偉功。民族英雄推第一，應將寶像鑄金銅。（1951 年，《資生吟草》辛卯全國詩人大會課題〈辛卯詩人節紀念鄭成功〉）

沈光文，號斯菴，浙江鄞縣人，明末漂泊入台以居，晚年與寓台人士唱和，合組東吟社，是台灣傳統詩社的濫觴，以沈斯菴爲念可見當時文學詩壇仍重視古典詩作，鼓勵漢詩人創作。另外，有關延平郡王「鄭成功」抗清記載，被視爲台灣文學中重要的書寫符號，隨著政權更迭與歷史詮釋權的不同，鄭成功的形象也有所轉變〔註26〕。國民政府遷台初期，「反共復國」成爲既定政策，呼應國家政策的相關傳統詩會活動，也被納入宣揚民族精神的大纛下，

〔註26〕 鄭成功的各種歷史形象與評價包括：日本人把他當成是「大和民族英雄」與「日本之光」、台灣的中國國民黨和大陸的中國共產黨把他當成是「中華民族英雄」與「華夏之光」、台灣的民主進步黨把他當成是「台灣民族英雄」與「台灣之光」、台灣原住民把他當成「殘暴的外來統治者」。陳立驤：〈鄭成功的各種歷史形象與評價〉，《鵝湖月刊》第 461 期，2013 年 11 月，頁 2。

政府重視民族精神，因此推崇驅荷墾台、反清復明的鄭成功。在鄭成功的各種形象中，國民政府視鄭成功為「中華民族英雄」，反清復明、抗元、抗金，都是為了轉化成反共復國的意涵，異族即是中共，抗異族即是光復中國。〔註27〕全國詩人大會透過詩人節緬懷沈斯菴與鄭成功，除了向先賢致敬外，正好藉由強調兩人的民族氣節來宣揚國策，冀望大眾能更認識傳統民族精神，啟發復興中華的使命感。

（三）寄懷友人

日治時期文人常有海外遊歷之作，或是友人寄居海外而以詩相贈，透過這些創作可勾勒出詩人間的互動網絡與深厚情誼。有關寄懷友人的作品包括：〈追懷朱阿華老先生〉三首、〈九日懷友〉、〈春日呈黃志輝詞兄〉、〈步志輝兄原玉〉二首、〈寄懷志輝兄〉二首、〈懷友〉、〈端午懷鷺江國清兄〉四首、〈寄懷阮文仁先生〉、〈敬步文仁兄原玉〉三首、〈昭和十九年甲申簡義桂芳二詞友將之南方〉等。

昭和 10 年（1935）蕭乾源帶領旗峰詩社社員與美濃詩友朱阿華等人結盟，於廣善堂輪開聯吟會；昭和 16 年（1941）重陽節，參與朱阿華與黃石輝創立的旗美吟社；昭和 18 年（1943）朱阿華 75 歲壽誕，蕭乾源寫詩歡喜慶賀，1949 年朱阿華辭世時，蕭乾源也曾撰詩緬懷：

> 念載交遊文墨場，忘年莫逆誼偏長。記曾同赴雄州會，也共聯吟廣善堂。話到投機頻莞爾，醉餘豪興每清狂。杖朝晉二登仙錄，往事重提被感傷。（1949 年，《資生吟草》己丑中秋既望〈追懷朱阿華老先生〉）

朱阿華生於清末同治 7 年（1868），82 歲羽化登仙。蕭乾源十分敬重朱阿華，兩人相差四十餘歲，可謂忘年之交。詩中提及兩人惺惺相惜，曾一同參加旗美聯吟會、旗美吟社與雄州會等活動，可惜哲人已遠，把酒言詩笑談古今已成傷感往事，只能暗自心傷，情誼深厚可見一斑。

日治時期，不論全國性或地方性之詩社，皆有社員重疊現象。昭和 6 年（1931）6 月 15 日《詩報》刊登雄州吟社成立消息，與旗峰吟社成立時間相隔僅一個月，根據王玉輝《日據時期高雄市詩社和詩人之研究——以旗津吟社為例》：

〔註27〕蕭鳳嫻：〈從順治史事到鄭成功史事——1949 年後臺灣索隱派紅學歷史想像與國族認同遞嬗〉，《藝見學刊》8 期，2014 年 10 月，頁 50。

> 雄州吟社事務所置在高雄市鹽埕町東壁圖書局內，乃原鼓山吟社員
> 盧耀廷氏倡設者，黃詠鶴也是該吟社社員，根據詩社多次自行課題
> 所出現的人名，包含黃詠鶴與范國清等曾參與詩社活動。〔註28〕

蕭乾源與黃詠鶴、范國清私交甚好，兩人除了是詩社的重要幹部外，也是雄
州吟社社員。根據《詩報》記載，當時黃詠鶴（永好）擔任旗峰吟社社長，
范國清為外務幹事，兩人後因負笈鷺江離開旗山。昭和6年（1931）7月15
日蕭乾源寫詩寄懷范國清，當期《詩報》也刊登〈寄懷黃詠鶴硯兄〉二首：

> 殘春握別雨霏霏，離恨縈懷魂欲飛。我效子猷思訪戴，扁舟幾度往
> 還歸。

> 秋水伊人眼欲穿，文旌何日可言旋。高雄遙望空惘悵，別後銀蟾兩
> 度圓。（1931年，《詩報》第16號〈寄懷黃詠鶴硯兄〉二首）

黃詠鶴與范國清皆曾至鷺江學習，鷺江位於中國廈門，原為鄭成功來台前反
清復明的根據地，與旗山一水相隔。文中蕭乾源離愁縈懷，因兩地一水相隔，
只能遙望遠方，仿效子猷雪夜訪戴「乘興而行，興盡而返，何必見戴」胸懷，
動心轉念之際，更見詩人情意。同年《詩報》第20期，又刊登〈寄懷黃志輝
先生〉〔註29〕：

> 睽違一日似三秋，渭北江東兩地悠。回憶西窗同剪燭，更闌欲泛訪
> 遠舟。（1931年，《詩報》第20號〈寄懷黃志輝先生〉）

黃志輝就是黃詠鶴，蕭乾源因思念遠在中國的摯友，一連寫下數首詩作抒懷。
文中藉李商隱「共剪西窗燭」詩句，盼能與摯友秉燭相聚，促膝暢談，將思
念寄託來日，思歸之切不言可知。

昭和6年（1931）《詩報》第24號刊登蕭乾源〈寄懷中華阮文仁先生〉：

> 光儀別後五經秋，渺渺相思兩地悠。春樹暮雲無限感，花晨月夕更
> 添愁。詩書愧我深藏拙，品學如君獨擅優。故國需才今正急，最宜
> 投筆覓封侯。（1931年，《詩報》第24號〈寄懷中華阮文仁先生〉）

〔註30〕

〔註28〕 王玉輝：《日據時期高雄市詩社和詩人之研究——以旗津吟社為例》，國立中
山大學中文所碩士論文，2003年，頁96。

〔註29〕 本詩1936年改名為〈懷友〉：「睽違一日思三秋，渭北江東兩地悠。每憶西窗
同剪燭，何時願遂訪遠舟。」收錄於《資生吟草》。

〔註30〕 本首詩分別刊載《詩報》第24號、27號，以及《資生吟草》。部分文詞不同：
《詩報》第27號〈寄懷中華阮文仁先生〉：「光儀別後五經秋，天各一方兩地

詩中稱中國爲故國，收入《資生吟草》時改字爲「祖國需才今正急」，肯定品學出色的阮文仁有投筆封侯之志，看出年輕時的蕭乾源雖處日治社會，對中國情勢念茲在茲，除思念友人外，仍有深刻民族意識，足見知識分子的風骨不滅。

三、詠物

詠物詩特色在以「物」爲描述對象，詩人必須能掌握此物特質，以凝鍊之筆勾勒其狀貌，非單純寫物，必須託物言志，投射士人自我意識和社會現象，將外在物象與詩人內在體悟相契合，才能在細膩的描繪外，達到寓意深遠的目的。

（一）器物建築

描寫器物作品包括：〈筆鋒〉二首、〈筆刀〉二首、〈烽火〉、〈凍頂茶〉二首、〈夜漏〉等。以下列舉數首賞析：

> 莫怪毛錐勝鐵錐，鋤奸不遜斬蠻師。文場爭霸尋常事，利在千軍曾掃之。（1930 年，《資生吟草》庚午歡迎石儷玉女士小集〈筆刀〉）〔註31〕

詩中蕭乾源視「筆」爲刀劍，可憑之斬蠻爭霸，除展現以一擋百的豪情壯志，也可見詩人對創作的自信與期許。此次集會所邀請的石儷玉女士〔註 32〕，乃

悠。春樹暮雲無限感，花晨月夕更添愁。詩書愧我深藏拙，品學如兄獨擅優。故國需才今正急，先生投筆好封侯。」《資生吟草》1936 年，丙子年〈寄懷阮文仁先生〉：「神州歸去五經秋，地北天南萬里悠。春樹暮雲縈別緒，花晨月夕感離愁。詩書愧我深藏拙，品學如兄獨擅優。祖國需才今正急，合當投筆覓封侯。」

〔註31〕本詩隔年刊登於《詩報》第 18 號，旗峰吟社擊缽〈筆刀〉：「莫怪毛錐勝鐵錐，誅奸不遜斬蠻師。詞場爭霸尋常事，別有千軍曾掃之。」

〔註32〕石中英（1889 年～1980 年），字儷玉，號如玉，臺南市人，出身台南「石鼎美」（嘉慶時台南富戶石時榮所建的七包三進大廈）。家中延聘塾師到宅爲子女授課，自幼受家庭教育影響，熟讀典籍，工於詩詞，《芸香閣儷玉吟草》首頁曾言：「世家相承，幼嫻閨訓，工詩詞，設芸香閣書房以授徒。」石中英有過兩段婚姻，第一次婚姻對象爲鹿港詩人陳子敏（施梅樵弟子），二人對於漢學都有深厚的基礎，婚後石中英不只操持家務，也活躍於詩壇，經常隨著夫婿出席各種詩壇盛會。根據《台南新報》的〈女子赴聯吟會〉記載：「全台詩社聯吟會，……今因月津吟社會員，黃朝碧君，令妹金川女士，及陳子敏氏，令正室石儷玉女士，均有詠絮奇才，爲裙釵之冠。」（《台南新報》第 8252 號，1925 年 2 月 6 日，頁 5）。1929～1934 年間，屢次往返台灣與大陸。1935 年母逝後遠渡海峽，定居大陸，與小十一歲的呂伯雄結褵。詳文見顏育潔：《石

南都女詩人，具抗日情操及女性意識，被學者稱爲「女中豪傑」〔註33〕。昭和5年（1930）中秋夜，石中英邀集當地閨秀設立「芸香詩社」（該詩社也有香芸詩社、香英吟社等名稱），與高雄蓮社爲全省僅有之兩個女性會員吟社。旗峰吟社成立之初，便邀請到知名女詩人出席吟會，可見詩人用心社務，積極與更多詩壇文人熱絡往來。

在〈凍頂茶〉詩中提到：

> 凍頂茗芳好品題，新泉活火曉煙迷。盧仝七碗今何在，空負龍芽勝
> 建溪。（1930年，庚午年《資生吟草》〈凍頂茶〉二首之一）

唐人盧仝嗜茶成癖，人稱茶癡，曾寫下〈走筆謝孟諫議新茶〉，俗稱「七碗茶歌」〔註34〕，描繪飲下七碗茶的不同感覺，生動傳神。中國自古有「建溪官茶天下絕」之讚譽，又因「七碗茶歌」盛行，使盧仝、七碗茶成爲騷人墨客常引用的茶文學典故。蕭乾源以盧仝品茶、龍芽勝建溪等意象，烘托旗山凍頂茶之優，也展現詩人的善於用典的寫作特色。

日治臺灣正處於新舊思潮與物質衝擊的時代，加上日本現代化政策的影響，民生器物一日千里，特別是日人致力於建設，務必使之成爲南進基地而後已的臺灣，社會生活相當現代化，往往「物」的形象與相關知識的摹寫已是詩本身的目的。〔註35〕漢詩在既有的傳統詩教下，融入社會風氣及生活節奏，逐步發展出一種新文化的空間產物，開始出現許多對新社會事物的觀察詩作，也引導詩人走向文學生活化的方向，例如〈照空燈〉二首：

> 文明稱利器，一道放毫光。閃爍沖銀漢，熒煌出戰場。
>
> 敵機須謹慎，射砲正高張。探海燈同用，殊勳立國防。
>
> 一樣雷鞭閃，寒光貫彼蒼。建功憑射砲，戰績勝飛鎗。
>
> 旋轉機靈巧，熒煌電力強。防空宜賴汝，時勢值非常。
>
> （1935年，《詩報》第117號，旗峰吟社擊缽〈照空燈〉五律二首）

中英、呂伯雄其人其詩探究》，（高雄：國立中山大學中國文學系碩士論文，2005年6月），頁15～25。

〔註33〕〈女中豪傑石中英〉一文收錄於龔顯宗：《台灣文學家系列》（台北：五南，2000年3月）書中。

〔註34〕盧仝〈走筆謝孟諫議新茶〉，俗稱「七碗茶歌」：「一碗喉吻潤，兩碗破孤悶。三碗搜枯腸，惟有文字五千卷。四碗發輕汗，平生不平事，盡向毛孔散。五碗肌骨清，六碗通仙靈。七碗吃不得也，唯覺兩腋習習清風生。」

〔註35〕江寶釵：《臺灣古典詩歌面面觀》（台北：巨流圖書出版公司，2002年3月），頁100。

照空燈為新式器物，是當時生活中所見的新事物，詩會以符合時代現象的詩題擊缽創作，連結典雅文化與現實生活，強調漢詩也能與時並進，吸引更多崇尚現代化的民眾繼續閱讀漢詩，讓漢詩成為一種生活方式，營造高素質的藝文社會。

（二）草木花果

描寫草木花果的作品包括：〈檳榔樹〉、〈牡丹花〉、〈榴火〉、〈浮萍〉、〈蝴蝶蘭〉〈黃花酒〉三首、〈蔗苗〉、〈鏡中花影〉二首、〈荷錢〉二首、〈落花〉三首、〈新荷〉二首、〈桂影〉二首、〈菊影〉二首、〈蕉風〉二首等。分述以下幾首詩作：

> 旁生側出綠初濃，時見耘培是蔗農。他日節高甘到尾，一枝倒啖爽
> 吟胸。(《資生吟草》同高雄州下聯吟會〈蔗苗〉)

日治時期，旗山的氣候地形適合生產甘蔗、香蕉、樟腦等，因此成為貨物集散中心。日本人引進新式農耕技術與製糖廠，曾為旗山帶來不少財富，本詩寫出蔗農辛勤耘培苗種，期望倒啖甘蔗的爽快心情。

> 艷鬪胭脂面欲然，花開赤帝正司權。江山簇簇楓林襯，疑是紅霞染
> 大千。(1930 年，《資生吟草》庚午年〈榴火〉)

石榴盛開於農曆五月，時間接近端午節又稱端陽花。赤帝為火帝，司權五月。因仲夏酷熱，花開時一片嫣紅欲燃，故以榴火稱之。詩中描繪石榴盛開，大地染紅的美景。在〈檳榔樹〉一詩提到：

> 參天鳳尾勢凌凌，大節孤高屈未能。安得化成管城子，掃清煙霧淨
> 雲層。(1942 年，《資生吟草》壬午旗美課題〈檳榔樹〉)

中唐韓愈作寓言《毛穎傳》，稱筆為管城子，後「管城子」也泛指從事寫作的人。詩人將檳榔樹比喻為筆，以參天不屈孤高有節之貌，賦予檳榔樹氣勢凜然，且能滌淨塵俗的文士形象。除了檳榔之外，高挺的青竹也十分受詩人青睞：

> 瀟湘移植數竿青，志抱參天尚幼齡。瓊葉漸稠成鳳尾，珊柯先具化
> 龍形。(1942 年，《詩報》第 266 號〈新竹〉二首之一)

「瀟湘」為竹的泛稱，典出舜的瀟湘二妃因思帝傷痛，淚染湘江畔上的青竹，使竹盡成斑，故稱斑竹，又稱「瀟湘竹」。竹子瀟灑自然，素雅寧靜，因中虛有節，不爭艷麗不媚權貴的品格，成為高尚人格的化身和楷模。詩中蕭乾源不同於歷代文士君子醉心竹林，追求超脫凡俗、無拘無束的精神生活，反將

竹子人格化，歌詠新竹懷抱參天之志，自勉能成為人中之龍，具有入世情懷。

漢詩喜歡以典故或人物入詩，透過類比建立詩人形象，突顯創作當下的情志。陶淵明淡泊自適，不論南山、桃花源或是酒鄉中，都有他的身影，被視為古今隱逸詩人之宗，也是詠菊詩中會出現的代表人物：

> 柴桑追隱士，移植療餐眠。嫩葉殷勤護，新根仔細邊。
>
> 還期之徑豔，有待九秋妍。佇看花開日，邀朋醉幾天。
>
> 　　　　　　（1935年，《資生吟草》乙亥旗峰小集〈種菊〉）
>
> 攜來綠螘向東籬，正是騷人對菊時。一飲能教香舌齒，葳蕤佳釀醉方知。（1942年，《資生吟草》壬午重九蛇山雅集〈黃花酒〉二首之一）
>
> 惜花有癖幾忘形，日醉東籬不願醒。萬種顛狂非在酒，傍人莫認作劉伶。（1943年，《資生吟草》癸未旗峰課題〈醉菊〉三首之一）
>
> 秋滿東籬月滿天，艷痕重疊印階前。多情我也同陶令，醉臥花陰興欲仙。
>
> 花痕重疊印籬邊，三徑秋光寫照妍。疑是淵明留畫本，濃描淡掃自天然。（《旗峰鐘韻擊缽詩集》〈菊影〉七絕之二）

愛菊成癖的陶淵明，厭倦世俗塵網，甘心歸隱種豆彈無弦琴，寄情田園生活。自古以來，藝菊、醉菊、惜菊既是文人騷客的雅興，更是中國文士人格與氣節寫照。正因菊花被賦予廉潔而深遠的象徵，詩文中只要提到菊（黃花），便常出現陶潛、東籬、隱士、酒等意象，除景仰靖節氣節，暗喻自己孤高外，也隱含詩人逃避生活世俗壓力，嚮往田園生活的清幽閒適，這種超脫塵俗，熱愛自然的情趣，正是自比陶令的蕭乾源所追求的自在生活。中日戰爭爆發後，官方厲行皇民化政策，詩人更只能寄情山水以自樂，消極效仿陶淵明的隱逸忘形，在不願醒的灑脫中窺見詩人的心志與性格。

（三）鳥獸蟲魚

描寫鳥獸蟲魚的作品包括：〈馬跡〉二首、〈鶯聲〉四首、〈燕剪〉二首、〈蠅〉二首、〈鳳聲〉二首、〈歸燕〉三首、〈魚梭〉三首、〈燕語〉二首、〈鶯梭〉二首、〈噤蟬〉二首等，大致為純描寫生物者，如〈蠅〉、〈魚梭〉、〈鶯啼〉：

> 夏日多生污穢中，每趨臭味響雷同。搖唇鼓翅傳黴菌，萬病因他屬疫雄。（1931年，《資生吟草》辛未年〈蠅〉二首之一）

水底波心穿織絲，也同黃鳥擲梭勤。銀鱗學得天孫技，日向江河織
錦紋。（1943 年，《資生吟草》癸未旗美課題〈魚梭〉三首之一）

綿蠻鳥語出幽林，知是遷喬得意音。日暖風和聲逸雅，喉柔舌嫩韻
悠沉。枝頭似鼓金絃瑟，葉底如彈綠綺琴。柳色舒青花艷媚，好攜
柑酒聽清吟。（1943 年，《資生吟草》癸未旗美課題〈鶯聲〉二首之
一）

文中不論寫臭蠅傳病、游魚戲水與鶯鳥嚦嚦，都著重在生物摹寫及單純聯想。
另一者爲詠物生情之作，包括〈馬跡〉、〈燕剪〉等詩：

騎驢繞過客，踐處認痕初。南北鴻泥遍，萍踪自笑余。

（1935 年，《詩報》第 116 號，旗峰吟社擊缽〈馬跡〉二首之一）

呢喃燕子喜回南，玉剪頻翻處處探。漫比并刀開蜀錦，不同利刃切
吳藍。

穿風斷雨翎刀利，鏤柳刪花玉剪堪。不遜并州誇快銳，裁成錦繡大
江南。（1943 年，《資生吟草》癸未旗美課題〈燕剪〉四首之二）

詩人借題抒懷，〈馬跡〉中化身騎驢過客，以鴻泥遍地暗指蹤跡無常，在自笑
之餘予人豁達坦蕩之感。古代「并州」多武勇之士，也是勇士得以發揮才能
之地，〈燕剪〉詩中以「開蜀錦、切吳藍」強調燕剪銳利，飛舞時猶如大家裁
切錦繡江南，帶給人活力奮進之感。

四、感懷

日治時期，漢詩是一種生活文學，很多時候能表現自我，展現個人情志，
又不至於與既有生活相違和，因而能成爲重要的生活寄託，不論個人悲歡、
家庭苦惱、離別愁緒、民族意識等情志，蕭乾源常以吟詩來自我療癒抒懷。
這類充滿自我觀照的詩題，很能引起讀者共鳴，呈現詩人更多的內在面向。

（一）感於節慶

中國古代由於氣候時令、歷史文化和風俗習慣的需要，演變成許多傳統
節慶習俗。傳統詩歌中的節令詩，不但具有豐富的思想情感，部分詩作也記
載下難得的民俗資料，呈現出精彩的風俗百態。蕭乾源描寫感懷節慶的作品
包括〈七夕〉四首、〈中秋泛月〉、〈除夕書懷〉三首、〈中秋玩月〉二首、〈長

命縷〉、〈燈篙〉三首、〈柏酒〉、〈新春試筆〉、〈元旦書懷〉二首、〈春捲皮〉、
〈中元節有感〉二首等。在〈除夕書懷〉中說到：

> 臘鼓鼕鼕思悄然，桃符今夜換新年。屠蘇拚把如泥醉，消卻家山百
> 慮纏。

（1930 年，《資生吟草》庚午年〈除夕書懷〉三首之一）

屠蘇酒是中國古代春節時合家歡聚喝飲的酒品，又名歲酒。蕭乾源寫作此詩
約莫弱冠，在大家喜迎春節時，心中所希望的卻是要以大醉消百慮纏，可知
詩人肩負繁瑣沉重的家業責任，予人少年老成之感。中秋節慶時，詩人吟到：

> 萬里清光水接天，當頭玉鏡十分圓。人生幾度逢秋節，乘興輕舟夜
> 不眠。（1930 年，《資生吟草》庚午年〈中秋泛月〉）

> 三五冰輪滿，嬋娟轉玉盤。銀河蟾影淨，雲漢鏡光寒。
> 斜掛天邊現，高懸頭上看。清輝真不夜，翹首獨憑欄。

（1931 年，《詩報》第 22 號〈中秋玩月〉）

明月映水，桂花飄香，詩人秋夜泛舟，嚮往自己也能如子猷雪夜訪戴般瀟灑
不拘，或是月夜獨自憑欄玩月，觸動內心思緒，因而勾起詩心發為吟詠。詩
中描摹的中秋美景，除了沉靜悠適的心境，也展現出沉穩多感的詩人形象。

　　日治時期隨著新式教育與大眾媒體的宣傳，現代化觀念及習慣融入民眾
生活中，即使是傳統文人，也對過分迷信的風俗陋習感到無奈不屑，開始對
落伍迂腐的觀念提出反思與批判，看出詩人重視文明開化的新思潮，如〈長
命縷〉中提到：

> 誰道端陽繫此絲，傳來陋習果堪嗤。倘教續命憑斯縷，八百彭鏗壽
> 不奇。（1930 年，《資生吟草》庚午年〈長命縷〉）

長命縷又名續命縷、續命絲、延年縷、長壽線，舊時會在端午節以五色絲編
結成索，或戴小孩頸項、繫手臂，謂可祈福免災，安康益壽。此類風俗習慣
本無害，只是過度注重儀式，忽略背後真意，反易流於表象成為陋習。在〈燈
篙〉詩中：

> 長竿高掛數燈青，明滅何曾照鬼形。他日維新除舊俗，冥途黑暗豈
> 難經。（1930 年，《資生吟草》庚午年〈燈篙〉三首之一）

> 盂蘭勝會白年年，太古風遺俗尚傳。怪底世人施餓鬼，飢寒野莩有
> 誰憐。（《旗峰鐘韻擊缽詩集》〈中元節有感〉二首之一）

漫道黃花佳釀奇，浸來柏葉避邪宜。元正我也隨迷信，欲避凶災醉

不辭（1943 年，《資生吟草》癸未年旗美元日小集〈柏酒〉）

民間信仰中把燈篙視為招請神鬼的重要器物，所以建醮前就得建燈篙，邀請
神鬼前來共享。盂蘭意為「救倒懸」（救度亡魂倒懸之苦），南北朝梁武帝始
興盂蘭盆法會，唐朝時期，法會活動更加興盛，蔚為風俗。只是，不管是繫
長命縷、豎燈篙迎鬼魅，還是中元節設置各樣供品「施餓鬼」，祭祀往來孤魂
等，這些都是科學時代難以認同的迷思。詩人以詩嗤斥傳統陋習，除了表達
傳統文人在現代化思潮中求真求實的一面外，也著眼社會問題，寫下「怪底
世人施餓鬼，飢寒野莩有誰憐」的畸形現況，諷刺民眾本末倒置，盲目跟從
陋習卻不自省。雖然詩人曾在〈柏酒〉詩中說自己「也隨迷信」，但此處所指
迷信只是一種節慶風俗，詩文重點非在避邪而是期待酣飲不醒，以呼應「佳
釀奇」之讚嘆。

在〈新春試筆〉投稿詩作中，我們讀到崇揚皇軍的蕭乾源：

遙向東方拜紫宸，官民同慶戰時春。大和魂共祥雲燦，富士山含淑

氣新。國運隆昌如旭日，皇軍勇敢勝歐人。社前武運祈長久，逐米

驅英靖四垠。（1942 年，《詩報》第 263 號〈新春試筆〉）

本詩寫作時間為昭和 17 年（1942）年 1 月，當時皇民化運動正興，許多詩人
為保自身及家族安危，常會寫詩輸誠以表明立場。本時期蕭乾源曾寫下〈新
春試筆〉、〈祝皇軍戰捷〉等詩，詩中透過新春官民拜天慶春，頌揚大和國運
興盛，皇軍驍勇善戰，祈能逐米（美）驅英戰勝西方勢力，以營造大東亞共
榮圈。對照蕭乾源早期詩作中的民族意識，更能感受到詩人在殖民統治下選
擇的自處之道。

（二）感於季景

　　描寫感懷季景的作品包括〈苦熱〉二首、〈秋懷〉六首、〈秋思〉、〈春遊〉
一首、〈冬暖〉三首、〈春日登山〉三首、〈春感〉、〈探梅〉、〈春日訪鄭王梅〉、
〈餞春雨〉、〈初夏即事〉二首、〈冬夜書懷〉二首等。日治以來，描寫台南內
古蹟建築包括赤崁樓、延平郡王祠（開山神社）〔註 36〕、五妃廟、孔廟等知

〔註36〕延平郡王祠創建於明永曆十六年（1662）之後，主祀開臺聖王，乃因東寧王
　　　　國亡後，民眾對鄭成功感念依舊，彰頌其來台驅荷，開疆擴土，稱以開山王
　　　　廟，之後曾擴地重修但不久傾塌。清同治十三年（1874），沈葆楨因牡丹社事

名景點的詩作眾多，屢見各漢文報刊。蕭乾源曾多次遊歷台南延平郡王祠，並寫詩記之：

> 天寒冒雪到山巔，爲愛羅浮春色妍。喜見冰姿迎客笑，遙看疎影得
> 人憐。龍頭攜經尋和靖，駝背搜詩學浩然。未忍延平祠畔過，花開
> 依舊霸圖邊。(1943 年，《資生吟草》癸未旗美課題〈探梅〉)

傳言孟浩然曾在灞水冒雪騎驢尋梅花，故詩人以「孟浩然雪中騎驢尋梅」爲典，描寫春日遊延平郡王祠見園內梅花盛開，遙想林和靖、孟浩然的隱逸簡樸，更顯梅花之幽香淡雅，符合其高潔不屈的形象。另一首：

> 鄭王祠裡日融和，騷客巡簷感慨多。鐵骨凝寒開玉蕊，冰魂忍凍綴
> 瓊柯。朱照運竭枝猶健，海島忠靈樹獨俄。知是孤臣遺手澤，長留
> 浩氣不消磨。(1952 年，《資生吟草》壬辰嘉南高屏聯吟會擊鉢〈春
> 日訪鄭王梅〉)

〈探梅〉與〈春日訪鄭王梅〉分別爲日治與光復後作品，前兩首詠梅詩境隱晦純粹，可看出詩人在皇民化規範下，著重寫景而少抒懷，光復後的訪梅則強調鄭王的功業成就，肯定他披荊斬棘、開疆闢土的雄才大略，是收復台灣的民族英雄，也顯示同景同事，隨著政權的轉移，詩人的創作意境也隨之變化。

　　秋風無形，不同於春風染綠大地，帶來無邊春色，秋風木葉黃落，更帶肅殺之氣，這一種淒涼蕭條之景，更易勾起羈泊異鄉的孤寂情懷，牽引遊子對家鄉、親人的悠長思念。蕭乾源有多篇懷秋之作，以〈秋思〉、〈秋懷〉爲例：

> 虛度光陰十九秋。黃花爛熳思悠悠。故山搖落今何似。蕭瑟西風動
> 客愁。
> 花開三徑似鋪金。攜酒邀朋共賞斟。淪落他鄉歸未得。罇鑪空有故
> 園心。(1932 年，《詩報》第 27 號〈秋思〉二首)

件來臺籌防，奏請專祠賜謚，遂改開山王廟爲「延平郡王祠」，並列春、秋祀典。明治二十八年（1895），日本領臺後，以鄭成功的日本血緣關係（鄭森生於日本肥前平戶藩的千里濱，母親爲日本人田川松），改建爲「開山神社」。見〈古蹟景點介紹：延平郡王祠〉，《台南市政府文化局古蹟營運科》，網址：http://culture.tainan.gov.tw/historic/form/index-1.php?m2=171&id=682，檢索日期：2015 年 3 月 6 日。

> 黃英三徑忙秋觀，把酒持螯強醉歡。回憶故園秋味好，花前竟覺客
> 心酸。（1936 年，《詩報》第 138 號，旗峰吟社擊缽〈秋懷〉三首之
> 一）

王莽專權時，兗州刺史蔣詡辭官歸隱杜陵，於自院中闢三徑，只與隱士求仲、
羊仲來往。陶淵明曾言：「聊欲弦歌以爲三徑之資可乎？」、「三徑就荒，松菊
猶存。」以三徑暗指歸隱者家園。晉代張翰因見秋風起，乃思吳中菰菜、蓴
羹、鱸魚膾，寄託己身思家懷鄉之情。蕭乾源寓情於景，藉菊開三徑及鮮美
的蓴羹鱸膾，道出因秋景所牽引出的鄉愁，與詩人不慕名利之情懷。

（三）感於人事

　　描寫感懷人事作品包括：〈驪歌〉四首、〈無題〉二首、〈心花〉二首、〈太
平鼓〉二首、〈灰蝴蝶〉二首、〈烽火〉、〈春遊〉、〈春日遊太平寺〉、〈閒居〉
三首、〈行踪〉、〈徵婚〉二首、〈木鐸〉二首、〈師恩〉二首、〈情絲〉三首等。
分述以下數首詩作：

> 灞岸數聲吹竹笛，離亭一曲唱驪駒。青萍出匣人爭賞，何慮前程客
> 夢孤。

> 野店分襟留寶劍，長亭折柳醉瓊酥。陽關未忍歌三疊，露冷西風一
> 棹孤。（1930 年，《資生吟草》庚午年〈驪歌〉四首之二）

青萍，古寶劍名。古人留劍贈別，有疏財重義的慷慨之風，令人聯想「延陵
許劍」故事。季札掛劍，節義之心固然可敬，但仍深感遺憾。兩首送別詩中
融入大量古代離別時常用意象，包括：離亭、長亭、灞橋、霸陵、驪歌、陽
關曲、折柳曲、柳、酒、孤舟、折柳贈別、飲酒餞別、唱歌送別等，透過送
別的地點、音樂、事物、習俗等時空情境，體現離別時的不捨與留戀。除了
送別外，閒居隱逸之情也是詩人鍾愛的題材：

> 不求榮祿故園歸，茅舍柴門日掩扉。三徑菊松情繾綣，滿窗風月興
> 遄飛。林泉心逸知今是，仕宦形勞覺昨非。富貴浮雲何足羨，逍遙
> 世外好忘機。

> 竹屋茅齋願可怡，何須大廈擁嬌姬。千竿繞宅風光好，五柳垂門春
> 色宜。煮酒彈琴邀月醉，裁梅種菊作花癡。功名自古南柯夢，豹隱
> 山中任歲移。（1931 年，《資生吟草》辛未年〈閒居〉三首之二）

這類詩作中常用意象有梅、酒、月、林泉、竹籬、茅屋、柴門、菊花、隱士、
謫宦、彈琴等，詩中以豹隱、鷗鷺忘機、梅妻鶴子、五柳歸園田居等典故，
呈現出詩人熱愛山水，淡泊名利，嚮往田園生活的閒適情懷。在〈灰蝴蝶〉
詩中：

> 不向苑中偷冶艷，偏來塚上弄晴曦。靈身欲入莊生夢，鎮日翩翎舞
> 素姿。（1952 年，《資生吟草》壬辰旗美課題〈灰蝴蝶〉二首之一）

詩中引莊周夢蝶之哲思，運用想像力將隨風飛散的紙錢喻為灰蝶，以灰飛之
姿描寫墓塚前焚舞的冥思，帶出真實和虛幻之境，更牽動詩人愁思。

五、敘事

言志抒懷是古典文學重要的書寫主題，以社會學批評角度而言，文學是
世代、社會的產物，其演化也是歷史演變的一環。〔註37〕由於人是社會動物，
詩人不能完全自所依存的社會中游離或超越出來，轉而表現或解釋他所處的
社會，或是諷刺時局時人，或是抒發充滿祖國想像的民族情懷，甚或政治變
革下的屈服等，因為詩的語言精鍊且具多意性，更可隱晦傳達詩人內心的真
實情感。

（一）記事遣懷

記事遣懷的作品包括：〈問槎〉二首、〈觀海〉三首、〈夜坐〉二首、〈醉
菊〉三首、〈探梅〉二首、〈竹山亭偶感〉、〈樓上晚眺〉二首、〈閒居〉三首、
〈年關〉、〈掘寶〉二首、〈甲辰詩人節有感〉二首、〈文運〉、〈詩聲〉二首、〈野
渡無人舟自橫〉二首、〈旗影〉等。

西晉張華著有奇書《博物志》，內容包羅萬象，集神話、古史、博物、雜
說於一爐。蕭乾源藉《博物誌》：「舊說云天河與海通，近世有人居海渚者，
年年八月有浮槎，去來不失期。……去十餘日，奄至一處，有城郭狀，屋舍

〔註37〕姚一葦：〈社會學批評〉自十九世紀以降，黑格爾的歷史哲學及新興的社會科
學帶給藝術（文學）理論與藝術批評以重大的影響。他們認為藝術是世代、
社會的產物。由於人是社會的動物，藝術家自亦不能例外，他不能自他所依
存的社會中游離或超越出來，他只能作為社會的一分子用以表現或解釋他所
處的社會。所以藝術品的製作自此一角度言，只是一個時代或時代精神的表
現，從而藝術的演變只是歷史的演變的一環，社會形態的變革與藝術品的演
化息息相關。詳見周慶華：《臺灣當代文學理論》，頁 186～187。

甚嚴，遙望宮中多織婦。見一丈夫牽牛渚次飲之……」〔註38〕之說，寫出〈問槎〉二詩：

> 聞說天河接海流，靈槎誰乘廣寒遊。太虛昔日人曾賞，是否橋邊會女牛。

> 滄海銀河水接流，乘槎誰到碧空遊。果然天地交通得，待會嫦娥願可酬。（1930 年，《資生吟草》庚午年〈問槎〉二首）

太虛謂天也，槎為木筏，傳說「浮槎」為來往海上和天河之間的木筏。詩人以神話為本，想像浩渺銀河有艘靈槎往來天上人間，試問擺渡人誰乘浮槎訪月宮？鵲橋畔牛郎織女是否相會？透過問句與耳熟能詳的民間故事，表現出詩人豐富的聯想力。在〈觀棋〉詩中：

> 閒來松下看仙奕，局外偏能用意真。只為輸贏還未定，恐教柯爛繼樵人。

> （1935 年，《詩報》第 112 號，旗峰吟社擊缽〈觀棋〉三首之一）

詩中以晉代樵人王質觀童子棋，因含物忘飢，去時斧柯盡爛的故事，說明觀棋者閒適觀戰，不覺時間流逝。

昭和 10 年（1935）11 月 22 日，台灣舉行第一屆市會議員及街庄協議會員選舉，翌年（1936）11 月 20 日舉行州議員選舉。〔註39〕針對此屆選舉，蕭乾源頗不以為然：

> 舌劍唇槍作陣先，奪爭一票議員權。真才終為金錢弊，奏凱終難屬聖賢。（1937 年，《詩報》第 156 號，高雄州下聯吟會〈選舉戰〉）

〔註38〕《博物誌》：舊說云，天河與海通。近世有人居海渚者，年年八月有浮槎，去來不失期。人有奇志，立飛閣於槎上，多齎糧，乘槎而去。十餘日中，猶觀星月日辰，自後芒芒忽忽，亦不覺晝夜。去十餘日，奄至一處，有城郭狀，屋舍甚嚴，遙望宮中多織婦。見一丈夫牽牛渚次飲之，牽牛人乃驚問曰：「何由至此！」此人具說來意，並問此是何處。答曰：「君還至蜀郡，訪嚴君平則知之。」竟不上岸，因還如期。後至蜀問君平，曰：「某年月日，有客星犯牽牛宿。」計年月，正是此人到天河時也。張華：《博物志》卷十，中國哲學書電子化計劃，網址：http://ctext.org/wiki.pl?if=gb&chapter=349587，檢索日旗：2015 年 3 月 14 日。

〔註39〕1935/昭和 10 年/民國 24 年 11 月 22 日，台灣總督府公佈實施改正台灣地方自治制度，並舉行「第一屆市會及街庄協議會」選舉。……1936/昭和 11 年/民國 25 年 11 月 20 日，選舉第一屆州議員。詳見顧敏耀、薛建蓉、許惠玟：《一線斯文——臺灣日治時期古典文學》，頁 296～297。

詩中諷刺台灣選舉醜相，雖然這是台灣史上首次經由民選方式產生議員，但只選出一半，另一半仍由州知事派任，除了不是完全自治外，包括行賄、口水戰等劣行皆現，就算有才者也可能陷入金錢權勢的泥淖之中，難保參政初衷，間接否定日治當時台灣的民主選舉，感嘆政治功利與複雜性，表達出詩人的反感與無奈。

戰後旗美兩地仍課題不斷，〈觀海〉詩中寫到：

> 萬里滄茫鎖曉煙，蜃樓海市幻眸前。狂濤怒吼緣何事，豈是靈胥恨
> 未眠。（1951年，《資生吟草》辛卯旗美課題〈觀海〉）

宋朝沈括在《夢溪筆談》寫道：「登州海中，時有云氣，如宮室、台觀、城堞、人物、車馬、冠蓋，歷歷可見，謂之海市。」古人以為「海市蜃樓」為蛟蜃吐氣而成樓台城廓。「靈胥」則是指春秋伍子胥，相傳伍子胥受吳王賜以屬鏤之劍自殺，浮屍於江海上，遂成濤神。詩中前段描寫觀海時風平迷霧起，海面出現如海市蜃樓般的幻景，後以靈胥有恨難眠，興浪怒吼，描寫驚濤拍岸，激起千堆雪的壯闊景色，一靜一動精彩描繪海景之奇。

（二）民族情懷

蕭乾源出生於日治以後，自幼在日文教育環境下生長，因曾跟從漢文老師學習漢文，對漢文化有一份難以割捨的情感，雖然比不上一世文人的漢學根基與故國之思，詩作中仍可見民族和寫實精神的作品。根據王玉輝說法：

> 日據中期旗津吟社的詩人，尚具有展現民族志節的氣魄和維護漢學
> 的精神，其作品風格和詩社活動品質，並未隨著當時大環境的影響
> 而立即產生向下沉淪的現象，至少仍然保有日據初期本島有志之士
> 創立詩社──「繼先賢之墜緒」和「續斯文之文脈」之本衷。〔註40〕

旗津吟社與旗峰吟社地區相近，包括雄州會、高雄州下聯吟會等都曾見兩地詩人交流往來，蕭乾源與陳皆興亦曾以詩相交，由詩作可知，日治時期旗峰吟社重視漢學，具有民族志節的氣魄，一直到皇民化政策強勢影響詩壇之前，詩人們對祖國仍懷有想像，強調賡續斯文的文士風骨，相關創作時有所見。

蕭乾源心繫祖國，與生活環境及文學交遊關係密切，包括一同創立旗峰吟社且擔任「台灣光復團」團長的黃光軍，以及好友范國清、阮文仁、岳父阮寶治等，皆曾投身抗日。相關作品包括日治時期〈祝雙十節〉二首、〈恨人〉

〔註40〕王玉輝：《日據時期高雄市詩社和詩人之研究──以旗津吟社為例》，頁205。

三首、〈端午懷鷺江國清兄〉四首、〈寄懷阮文仁先生〉、〈敬步文仁兄原玉〉，以及戰後〈滿地紅〉二首、〈角黍〉、〈臺灣是民主自由之燈塔〉二首、〈追懷七十二烈士〉、〈雞聲〉三首、〈烈士魂〉二首、〈國慶日雅集〉等，都具有明確民族情懷與祖國意識。

　　根據《台灣民報》〔註41〕報導，昭和 4 年（1929）3 月 12 日旗山華僑曾以天外天階上為會場，由阮寶治擔任主席，開孫氏追悼會，出席會員八十餘名。同年六月聚集會員五十餘名，在天外天樓上舉辦「孫總理奉安祭中華會館遙拜祭」，時有葉榮春演說總理偉德，次則會員講演民族及歷代被外人的束縛條件，以及總理推倒滿清、喚醒民眾對外廢除不平等修約等事蹟。年輕時的蕭乾源經常出入旗山街上的料理店天外天，受其影響也開始重視中國情勢，詩作常帶有民族情懷：

　　　　熱血盈腔恨此生，有心救國願難成。即今蠶食神州遍，切齒強胡孰
　　　　可平。

　　　　營謀未遂忍艱辛，才學文通本恨人。我亦黃龍思痛飲，從戎有待破
　　　　強秦。（1930 年，《資生吟草》庚午年〈恨人〉二首）

　　　　十八年來國祚興，睡獅已醒足休徵。完成革命孫公志，介石英雄獨
　　　　繼承。

　　　　江山錦繡欲重光，革命英賢歲月忙，我願干戈從此息，興師擁蔣解
　　　　冰霜。（1930 年，《資生吟草》庚午年〈祝雙十節〉）二首）

十八年前中國正值武昌起義之際〔註42〕，未屆弱冠的蕭乾源在詩作中表明己身滿腔熱血卻有心難成，看著神州被蠶食鯨吞，心繫祖國革命情勢的他，也曾興起投筆從戎的使命感。其他寫給三位友人的作品中，也可見詩人的民族情懷：

　　　　故國睡獅正欲醒，竚看怒吼震雷霆。即今錦繡江山裡，兵燹哀鴻不
　　　　忍聽。（1935 年，《資生吟草》〈端午懷鷺江國清兄〉四首之一）

　　　　神州歸去五經秋，地北天南萬里悠。春樹暮雲縈別緒，花晨月夕感
　　　　離愁。詩書愧我深藏拙，品學如兄獨擅優。祖國需才今正急，合當

〔註41〕《台灣民報》，第 264 號，昭和 4 年 6 月 9 日，第 7 版。

〔註42〕武昌起義於 1912 年農曆 8 月 19 日，以陽曆推算起來，那年正是國曆 10 月 10 日，也稱「雙十節」，對中國人而言是一個特殊且值得紀念的日子。因此政府特別訂定為「國慶日」，也稱「雙十節」。

投筆覓封侯。(1936 年,《資生吟草》〈寄懷阮文仁先生〉)

敲膚吸髓感台灣,遍地哀鴻未忍看。祖國風雲今正急,此身何處得開顏。(1937 年,《資生吟草》丁丑年〈敬步文仁兄原玉〉三首之一)

三首作品分別寫於民國 24 至 26 年(1935～1937),雖然睡獅中國欲醒,但連年戰亂使人民飽受苦難,蕭乾源擔憂祖國前途外更心繫友人安危。根據這些漢詩,可知蕭乾源確有祖國情懷,只是當時台灣為日本南進政策的中繼站,同化政策及皇民化運動接連興起,如此異端思想漸漸難容於當時社會。蕭乾源身為地方士紳,又曾任悟真社主事,代表組織赴日考察,和日本統治當局應有頻繁接觸。究竟他對統治者抱持何種態度與立場?筆者以為蕭乾源心中雖有祖國想像,仍接受日本領台事實,為了因應現實環境,難免會歌頌大和精神,這也與官方刻意以籠絡手法與皇民政策,要求台灣士紳必須表態輸誠有關。蕭乾源與日本政府的互動,其實反映著一群具有漢學背景的傳統士紳的共同心態:他們並非強烈抗日,即使對殖民政權有所不滿,也能無奈接受。雖然曾對部分革命運動表現出同情與支持立場,但在現實情境下,仍能應和皇民國策,與統治者交流友好。研究日治時期詩人,很難以二分法區分類別,因為除了詩人生平及學識外,也須考慮受限政治、經濟與家族因素的生存壓力。詩人理想須架構在現實生活中,慷慨報國或許是傳統知識分子的使命,卻不是營生熱鬧市街的文人實業家所堅持的理念。

戰後初期,「乙未割台」是最容易被以愛國、民族氣節等觀點來切入的文學主題。〔註 43〕尤其台灣傳統古典詩學更常聚焦愛國意識及民族觀點,無論是全國詩人競賽或詩社課題創作等,都能觀察到被刻意強化的愛國論述,以蕭乾源為例:

包來菰米滿盤香,歲歲端陽吊國殤。好把鋒鋩圭角利,打回大陸刺俄狼。(1951 年,《資生吟草》辛卯全國詩人大會擊缽〈角黍〉)

救國捐軀氣節雄,拼將熱血濺華中。江山依舊漢民主,萬古稱揚革

〔註43〕乙未割台事件所產生的文學作品,如表現激憤、哀傷心境的作品,在日治到戰後,都受到當時社會氛圍的影響而或刻意包裝以躲避殖民者的文化監控,或重新被提倡以對抗「赤氛」的正氣文學觀,正說明乙未割台是台灣傳統文學中,最被常提及的一類文學作品,但也最容易被愛國、民族氣節等觀點來切入的文學作品。也因此,常忽略了當時有乙未割台經驗的作者內心複雜、忐忑的心境變化。王嘉宏:《如此江山——乙未割台文學與文獻》(台南市:台灣文學館,2011 年 12 月),頁 272。

命功。（1951 年，《資生吟草》〈滿地紅〉）

民主燈光放自由，清輝炯炯照寰球。反攻基地標明識，莫有迷津逆
浪舟。

自由民主佈鯤瀛，應似燈台四射明。大陸風雲多黑暗，願分一線照
前程。（1951 年，《資生吟草》全國詩人大會創作〈臺灣是民主自由
之燈塔〉二首）

司晨天職合稱勤，窗下鳴三曙色分。喚醒吾儕同起舞，獻身救國殺
俄軍。（1952 年，《資生吟草》壬辰鳳山課題〈雞聲〉）

凜凜中書氣自豪，那堪輕擲慕封褒。鼠鬚不遜鋼錐銳，兔尾何殊麟
角毫。尖露文壇誇倚馬，鋒臨學海應占鼇。倘教穎突青天外，好向
神州掃匪毛。（1952 年，《資生吟草》壬辰旗美課題〈筆鋒〉）

登臨鶴嶺慶端陽，鐘聲悠悠鉢韻揚。破碎河山懷隔岸，飄零琴劍感
他鄉。海天休灑哀時淚，蘋藻輸誠荐國觴。歲值龍興人未老，王師
指日復邦疆。（1964 年，《旗峰鐘韻擊鉢詩集》〈甲辰詩人節有感〉）

詩文提到「打回大陸刺俄狼」、「拼將熱血濺華中」、「大陸風雲多黑暗」、「獻
身救國殺俄軍」、「好向神州掃匪毛」、「王師指日復邦疆」等意象，呼應戰後
初期台灣文壇興起的反共風潮，強烈的愛國精神成為面對「赤氛」威脅的精
神食糧，不只新文學發展熱絡，傳統詩作也被國民政府賦予相當高的政治目
的，古典詩壇開始出現各種反共創作，就連賀壽詩作中，也不忘高呼「兆庶
效忠齊蹶起，反攻指日凱歌宣。」〔註44〕看得出傳統詩應和時勢之勢。

（三）應和皇民化政策

　　日治時期受到政治變革的影響，詩人處世方式不一，開始出現不同政治
取向的文人社群。乙未之後，文人們除了選擇回歸中國或隱匿遁世外，也有
積極參與詩文社群活動，作品或公開表明心志，或抒發遺民抑鬱，因日本當
局對傳統詩壇抱持寬容，卻又不完全開放的態度，使得當時本土文人遊走在
殖民政策的夾縫中，時時有著擔心觸犯文網的驚悸與難以拿捏分寸的無奈，〔註

〔註44〕蕭乾源〈恭祝蔣總統六五華誕〉：「欣逢辛卯小陽天，恭祝遐齡六五年。舉世
　　　　同歡傾北海，盟邦共慶頌南巔。獻身黨國英模著，克難功勳偉業傳。兆庶效
　　　　忠齊蹶起，反攻指日凱歌宣。」
〔註45〕施懿琳：〈日據時期臺灣古典詩的抗議精神與比興諷諭傳統〉，《古典文學》第

45〕因此日治時期詩人作品中同時出現民族意識與皇民思想的情況並不少見，此類迎合日本政府的詩作除了能在報章中發表，讓詩社在困頓時局中繼續生存，也記錄下台灣傳統文人在殖民統治下複雜且糾結的心路歷程。

日治後期，日本對華及南洋展開大規模戰爭行動，昭和 8 年（1933）脫離國際聯盟組織，在殖民地更積極的宣揚「皇民精神」。昭和 9 年（1934），旗山街建造武德殿〔註46〕，建造目的即在發揚武術道德精神，提倡軍國思想，強化天皇統治。昭和 11 年（1936）10 月 31 日完成了象徵皇道精神的旗山神社，並公開舉行鎮座祭儀式。不論是武德殿或神社等建設，都可以看出殖民政權的強勢主導，透過這些事物形塑皇國精神，積極強化地方對日本精神的認同度。此時有關歌頌皇民與戰爭的詩文增量，包括《詩報》、《南方》都出現「吟詩報國」的詩篇，顯示詩人在殖民政權下的妥協或認同。以蕭乾源而言，清楚應和皇民化政策的作品包括：詩鐘〈旗峰〉、〈新春試筆〉、〈祝皇軍戰捷〉、〈春日遊鼓山〉二首等。

中日戰爭爆發前後，日本軍部開始積極調查台灣人言行，當時曾於南台灣羅織叛亂事件，逮捕地方上不協力及不穩定分子至獄中酷刑拷問。以高雄州為例，先後爆發東港事件、鳳山事件、旗山事件、旗後事件等多起政治冤獄，日警統稱之為「高雄州不逞陰謀事件」，逮捕四、五百名可疑的地方領袖下獄。〔註 47〕回顧旗山事件〔註 48〕，當時日警到處蒐集輿論情報，捉拿陰謀

---

12 期，1992 年 10 月，頁 283。

〔註46〕台灣的武德殿源自日本的軍國主義與武士道精神，日治時期日本在台倡導，並設置武德殿與警察系統互相結合。武德殿是警察、青年人修練劍道、柔道等武術之訓練所，每月會定期舉行演武大會。見游步廣：《當代旗山文化資產保存運動之研究（1990～2011）》（高雄：國立高雄師範大學臺灣文化及語言研究所碩論，2011 年），頁 33。

〔註47〕吳榮發：〈高雄州特高事件概述 1941～1945 年〉，《高雄文獻》第 19 卷第 3 期，2006 年 9 月，頁 16。

〔註48〕吳榮發：「旗山事件起因於溪州庄國民學校四年級社會課堂上，日籍教師和田要學生對時局的看法寫成家庭作業，題目是：〈我們對日中戰爭的看法〉……和田發現作業內容敏感而報告校長，校長以事態嚴重轉告旗山郡警察課，警察開會決定由特高到溪洲偵查。當時溪洲庄有一位高雄中學、京都醫專畢業的執業醫師柯水發，其為人豪爽親切，經常義務替貧民看診，因此博得居民愛戴。柯水發外診時，偶會會和病患家屬閒聊，有時談到時局變化，因而被特高盯上。……特高監督檢查局指揮偵查員到處找尋線索，逐漸拼湊出「旗山事件」的情節：柯水發醫師夥同結義兄弟組織「旗山地區同志會」，以狩獵用長槍和刀棍在深山練習拳擊、戰鬥技能等，圖謀武裝反抗日本政府，並等

叛亂份子，單方面認定柯水發醫師圖謀武裝抗日，以違反《治安維持法》拘捕入獄，以刑罰凌遲，製造恐怖氛圍干擾民心。昭和 16 年（1941）11 月 8 日，台灣全島報紙以〈台灣獨立陰謀大事件，在高雄州被一網打盡檢舉〉爲題大肆報導，全島人心大受震撼，旗山當地更是人心惶惶。蕭乾源身爲旗山文壇領袖，自然需要輸誠以換取自身及家人的安居樂業。在這樣的政治氛圍中，他曾寫下：

> 遙向東方拜紫宸，官民同慶戰時春。大和魂共祥雲燦，富士山含淑氣新。國運隆昌如旭日，皇軍勇敢勝歐人。社前武運祈長久，逐米驅英靖四垠。（1942 年，《詩報》第 263 號〈新春試筆〉）
>
> 皇軍威武有誰同，愛國忠君氣概雄。到處敵前爭上陸，太平洋滅敵艨艟。（1942 年，《詩報》第 263 號〈祝皇軍戰捷〉）〔註49〕
>
> 偷得浮生半日閒，飽看勝跡上名山。花香鳥語吟情溢，磬韻鐘聲俗慮刪。聳翠旗峰橫古色，拖藍彌水見幽灣。忠君護國碑巍立，健筆長瞻佐久間。
>
> 名誇八景古名山，山水清幽近市闌。神社威嚴參客集，佛堂靜肅老僧還。平巒義塚松林外，征匪忠靈竹藪間。福地天然堪豹隱，肯從他處覓仙寰。（1942 年，《南方》第 153 期〈春日遊皷山〉二首）

隨著戰局緊迫，報章上經常出現吟詩報國類漢詩。詩中「富士」、「皇軍」、「神社」、「大和魂」、「佐久間」、「忠君愛國」等詞彙，不僅顯示詩人認同日本文化，也正面讚揚皇軍英勇威武，國勢昌隆，這些歌頌皇國的詩篇，許多都是因應時代之需，向官方輸誠表態之作。

　　在國家極權體制下，文化場域的發展本就難擺脫政治權力的介入與干涉，回溯皇民化政策時期，台灣出現許多皇國宣傳詩作，這類詩人或爲御用，或只是順應時勢，以求安身立命保衛家園，謝崇耀認爲：

> 漢詩空間既然是一種生活寄託而不是革命戰鬥，世俗化的發展本來就是理所當然的了。所謂「幫閒的文學」客觀一點說，其實就是「生

　　待一旦中國軍隊登陸，就可與中國人交涉脫離日本統治實現台灣獨立。特高以柯水發、陳金秋、郭萬成、黃石松等違反《治安維持法》拘捕入獄。」參見吳榮發：〈高雄州特高事件概述 1941～1945 年〉，頁 26。

〔註49〕〈祝皇軍戰捷〉也刊載於《南方》第 145 期（1942.1.20）。部分文詞不同：「皇軍威武有誰同，護國忠君氣概雄。到處敵前誇上陸，太平洋滅敵艨艟。」

活的文學」，畢竟生活是對於既有狀況的認同或妥協，因而得以展開的，戰爭或革命則是欲擺脫既有的生活，選擇革命或生活是個人意志的問題，所以雙方也不宜隨便給予對方負面的評價。〔註50〕

吟詩報國是文人天職，中日戰爭後日本厲行皇民化政策，各詩社開始出現響應國策或呼應戰爭的詩題，蕭乾源亦有數篇深具皇民思想的作品，輸誠意味濃厚。評賞此類頌揚忠君愛國的作品，應重視詩人所處的時代背景，不管詩人「選擇革命而戰鬥」或是「選擇認同而生活」，理解作品的詮釋者更該尊重歷史現場的選擇者，不應給予批判或羞辱性的主觀評價。

1930 年間蕭乾源寫下許多充滿民族意識的詩作，昭和 6 年（1931）也曾創作「旗飄紅日扶桑壯，峯聳青天富士高。」（《詩報》第 15 號〈旗峰〉）的詠日詩句，1940 年間則有多首應和皇民文學之作，直到戰後反共文學興起，蕭乾源更有多篇詩作應和國策時勢，高喊掃匪殺俄。綜合以上說法可推知，身為實業家的蕭乾源，個性溫和不激進樹敵，與時代當權者保持友好關係，因此不論是日本殖民統治或戰後白色恐怖等階段，皆能明哲保身，在地方上安居樂業，保有漢詩創作的閒適性及自主性。

六、酬唱

所謂酬作詩，指詩人與他人交往時因人際互動需要而寫的詩篇，包括迎送、酬答、贈詩，以及同樂或哀悼之作。日治時期台灣出現大量詩社，參與詩社者雖有某種程度的文化傳承使命，但也無意批判時政，或製造抗日立場。由於詩社普及，文人相互酬應機會增多，如小集、例會、雅會、紀念會等名義的活動日漸頻繁，不同於肩負道統責任的傳統文人，許多詩友只希望透過漢詩豐富生命，藉由慶詠節慶、擊鉢應題互通聲氣，找尋現實生活外另一個可供應酬交遊的休憩空間。因漢詩的實用功能讓作品少了嚴肅性，逐漸成為生活中活用的應酬工具，舉凡個人新屋落成、新店開張、祝壽、弔喪、結婚、小兒彌月、遠遊、送別、改姓名……等家庭瑣事，皆能登報廣徵全島詩篇，〔註51〕以資紀念。為求慶典圓滿，社會上串連徵詩、擊鉢頌揚之風盛行。這些送

〔註50〕謝崇耀：《日治時期臺北州漢詩文化空間之發展與研究》，嘉義：國立中正大學中國文學所博士論文，2010 年，頁 253。

〔註51〕黃美娥：〈日治時代台灣詩社林立的社會考察〉，《台灣風物》47 卷 3 期，1997年 9 月，頁 62。

往迎來、婚喪喜慶的酬贈之作，不僅顯示詩人生活地景及所見所感，更勾勒出當時的人際網絡，呈現詩文的交際功能。

　　蕭乾源具有漢學素養的地方仕紳，爲了人際酬酢常撰寫實用漢詩，這類寫作最能反映文人善用漢學素養來應制酬唱，是當時人際往來不可或缺的禮儀習俗，也彰顯傳統士紳在早期社會的角色功能。

（一）慶賀弔唁

　　傳統漢人社會向來注重人情，親朋好友間的情意往返構成人際互動的網絡，尤其日治時期台灣古典詩具有廣泛的社會群眾基礎，不僅融入台人日常生活，也是交際應酬時的最佳祝賀，凡舉婚喪喜慶，總不免要藉詩抒懷，附庸風雅一番。蕭乾源描寫慶賀弔唁的作品包括〈壽翁〉三首、〈菽水供親〉、〈恭祝蔣總統六五華誕〉、〈眉齊雙壽〉、〈日出東方〉二首、〈萱草春〉二首、〈謹步雙麟玉韻並祝〉二首、〈祝彰化銀行旗山分行五二年度業績考核第一名〉二首等。賀壽詩篇曾吟：

> 此老年高世所珍，幾疑彭祖是前身。壽星南極長輝燦，五福三多享
> 萬春。（1936年，《資生吟草》丙子菊月祝朱阿華壽誕擊鉢〈壽翁〉
> 二首之一）

三多典出《莊子·天地篇》：「請祝聖人，使聖人壽，使聖人富，使聖人多男子。」因此稱多福多壽多男子爲三多。五福典出《書經》洪範之九曰：「一曰壽、二曰富、三曰康寧、四曰攸好德、五曰考終命。」古書中把壽富、康寧、好德、老終命合稱五福。詩中以仙人彭祖與南極仙翁等長壽之神爲喻，以五福三多爲揚，慶賀朱阿華能超凡入聖，富貴吉祥，兩人間的忘年情誼實爲難得。

　　王則修（1867～1952），字文德，台南新化人，光緒間廩生。大正9年（1920）清水楊澄若慕其名，延聘爲其子楊肇嘉之家庭教師，時常參加臺灣文社徵詩與徵文，1925年後王則修返鄉設帳授學。民國40年（1951）9月及門弟子向全省徵募〈眉齊雙壽〉七律爲王則修祝壽，應募者三百餘首，〔註52〕蕭乾源

〔註52〕王則修（1867～1952），譜名佛來，學明文德、則修，號旅中逸老，又號勸化老生，別號花蓮港生，曾以王來、王貴之名發表詩作。臺南大目降（今新化）人。……乙未（1895）割台定議，隔年攜家人內渡至漳州府籠溪縣，明治三十五年（1902）始返台。後因經商失敗，改於故鄉新化教讀，兼任《臺灣日日新報》漢文記者。大正九年（1920）清水楊澄若慕其名，延聘爲家庭教師，

也參與徵詩：

> 眞個蓬萊不老仙，虎溪雙壽福綿綿。騰芳蘭桂盈庭秀，競茂椿萱晚
> 節堅。祝嘏詩章來接踵，稱觴珠屢到連蹁。中天南極同輝燦，兆慶
> 眉齊逾百年。

（1951 年，《資生吟草》祝新化王則修先生〈眉齊雙壽〉）

王則修自幼聰穎好學，一生跨越清朝、日治及國民政府三個時代，是位德高
望重的詩壇前輩，極受後學景仰，因弟子向全省徵詩祝壽，故祝嘏詩篇接踵
而來，再次印證漢詩的生活化及實用性。昭和 3 年（1928），其門下創設「虎
溪吟社」推舉王則修爲社長，每個月定期舉辦吟詩大會，使新化文風名噪一
時。詩中「虎溪雙壽」不僅是祝壽之詞，更推崇前輩對古詩詞的弘揚不遺餘
力，可惜王則修隔年仙逝，享年八十六歲。

另外有以「祝雙麟令堂七一榮壽」爲題的課題與擊缽詩作：

> 春光獨占北堂前，瑞葉祥花點綴妍。寸草慈輝閨閣秀，滿門福祿永
> 綿綿。（1951 年，《資生吟草》祝雙麟令堂七一榮壽，辛卯仲春課題
> 〈萱草春〉）

> 子道眞誠親自寬，一杯菽水可承歡。前賢孝行當堪仰，千古名揚史
> 冊刊。（1951 年，《資生吟草》祝雙麟令堂七一榮壽擊缽〈菽水供親〉）

詩人以寸草春暉、菽水承歡等意象，傳達中國傳統孝道思想，有匡正善良風
俗，教化民眾的功能。有時同一件賀壽喜事詩人可連吟多首詩作慶賀，除了
顯示戰後賀壽酬唱詩風仍盛，亦可見蕭乾源與劉雙麟兩人深厚的友誼。

除了賀壽，詩人也會寫詩恭賀友人升遷或當選等喜事：

> 咸池纔浴罷，晃朗耀青方。群庶傾葵藿，蒼生沐旭光。
>
> 彩霞明錦繡，瑞靄絢文章。龍肚鍾靈秀，迎曦鳴鳳祥。

（1951 年，《資生吟草》祝鍾啓元當選美濃鎮長〈日出東方〉）

龍肚鍾家是美濃政壇耀眼的家族，民國四十年鍾啓元當選第一屆美濃鎮民選

楊氏逝世後，於大正十四年（1925）返鄉設帳授學，名其書齋爲「三槐堂」。
昭和三年（1928）八月創辦「虎溪吟社」，擔任社長，後兼善化「光文吟社」
顧問。民國四十年（1951）九月及門弟子向全省徵募「眉齊雙壽」七律爲王
則修祝壽，應者三百餘首，後發行詩冊留念。〈王則修〉，《搜韻》，網址：
http://sou-yun.com/poemindex.aspx?dynasty=Qing&author=%E7%8E%8B%E5%
88%99%99%E4%BF%AE&lang=t，檢索日期：2015 年 2 月 19 日。

鎮長且當選連任，卸任後又當選兩任高雄縣議員、第三、四屆美濃鎮農會總幹事。蕭乾源寫詩祝賀，一方面可知戰後古典詩仍是婚喪喜慶時，詩人表達慶賀心意的普遍方式，另方面也可見旗山美濃間文人仕紳互動頻繁。

弔祭亡者的詩作中，蕭乾源除了懷念逝者的人格作為外，也抒發對世事變化的無奈與傷感。在〈吊悟眞社副社長柯李忠先生〉詩中：

> 靈耗傳來值暮秋，塵寰永別不勝愁。劇憐德望咸著稱，五四年華赴玉樓。誰知一病沒沉痾，藥石無功喚奈何。大夢難醒悲此日，愁雲黑暗鑽南柯。五度春秋爲悟眞，晨昏奔走不辭辛。而今化鶴西歸去，風雨淒淒倍愴神。（1932 年，《詩報》第 27 號〈吊悟眞社副社長柯李忠先生〉）

悟眞社成立於昭和 2 年（1927），詩中提到柯李忠副社長爲悟眞披星戴月五度春秋，可知自悟眞社興辦以來，柯李忠即投身社會救助事業，可惜天妒英才，因病去世，令人哀戚不捨。另外，〈追懷朱阿華老先生〉：

> 每讀遺詩每感傷，騎鯨人去赴修郎。當年遯世蛇山宅，往日消閒翰墨場。劫歷紅羊身益健，友因白戰誼偏長。童顏鶴髮今何在，惟剩荒墳臥夕陽。（1949 年，《資生吟草》己丑中秋既望〈追懷朱阿華老先生〉）

古人以爲丙午、丁未爲國家發生災禍的年份，丙丁爲火，色紅，未屬羊，故以「紅羊劫」稱國難。騎鯨有隱遁或遊仙之意，俗傳李太白醉騎鯨魚，卻溺死潯陽。朱阿華氣宇軒昂，美髯垂胸，歷經清末、日治及民國，看盡時代遞變與滄桑。詩中以回憶手法弔念朱阿華歷經國難，仍舊身強體健，隱遁龍肚茶頂山，晴耕雨讀，閒暇時與三五詩友吟詩唱酬，與事無爭，享受閒雲般的愜意生活，遺憾 82 歲駕鶴西歸，留下昔日風雅典範讓人追念，感傷思念之餘，也只能憑塚追懷。

（二）活動紀念

一般詩社若遇到重要或具紀念意義的行事時，常會爲之舉辦特定主題的擊缽吟用以致意。描寫紀念活動的作品包括〈善堂初會〉二首、〈旗美吟會拾週年紀念〉二首、〈延平詩社十周年〉五首、〈五日白鶴寺雅集〉二首、〈世界三十七國詩人大會〉等。自昭和 10 年（1935）旗美聯吟會於美濃廣善堂首開吟詩集會後，廣善堂便成爲旗山美濃兩地集會的主要場所。昭和 16 年（1941）

黃石輝與朱阿華共同創立旗美吟社，地點一樣選在信徒眾多的廣善堂，更顯擊鉢盛會的熱鬧興盛：

> 善締詩緣勝地來，堂皇旗鼓鉢聲催。初逢吟侶皆瀟灑，會聚何妨醉幾杯。

> 善寺騷人白戰開，堂中撮影喜叨陪。初逢滿座忘年友，會勝蘭亭快樂哉。（1942 年，《資生吟草》冠頂　壬午年〈善堂初會〉二首）

廣善堂位於瀰濃里福美路的瀰濃山下，背山面對溪，環境相當清幽，被視為勘輿學上的風水佳地，祭祀圈涵蓋人口最稠密的大瀰濃庄地區。廣善堂為美濃四大善堂之首，屬於降筆會鸞堂系統，為儒宗鸞教，透過神筆扶乩為信眾治病解惑。鸞教是日本統治台灣初期，本土知識分子所發動組織的一種深具民族精神色彩的儒宗神教組織，對當時社會民心的穩定有相當貢獻，〔註 53〕因此具有較強的號召力。從一開始的旗美聯吟會到後來的旗美詩社，都選擇擁有傳統仕紳與信眾的廣善堂為集會場所，每次詩會，群賢畢至，一觴一詠暢敘幽情，白戰之樂更勝蘭亭集會，令人忘返。戰後蕭乾源用心經營詩社，對於旗美吟社的活動亦十分關心：

> 旗鼓堂皇十載移，美誇韻事繼南皮。吟朋太息朱黃逃，會運重興志莫疲。（1951 年，《資生吟草》〈旗美吟會拾週年紀念〉二首之一）

在慶祝旗美吟會十週年的紀念會中，蕭乾源吟詩感嘆朱阿華、黃石輝兩名重要詩友相繼離世，幸而旗山美濃兩地文化已開展十數年，期勉旗美吟社能承繼先人之志，重興社運，讓詩聲繼續傳唱，發揚傳統漢學之美。

（三）贈答代作

隨著漢詩的普及化，各領域加入漢詩創作空間者越來越多，其中不乏女

〔註 53〕蕭盛和：廣善堂係美濃四大善堂（南隆輔天五穀宮、廣興善化堂、石橋仔善誘堂及本堂）之首，屬於降筆會的鸞堂系統，為儒宗鸞教，透過神筆扶乩為信眾治病解惑。鸞教是日本統治台灣初期，本土知識份子所發動組織的一種深具民族精神色彩的儒宗神教組織，對當時社會民心的穩定有相當貢獻。龍肚庄的廣化堂、九芎林的宣化堂也是屬於同一宗教系統。（黃森松，1996：78）廣善堂除了提供眾善信燒香膜拜，除疑解惑之外，還從事修橋鋪路、社會救濟等善行活動。廟內建有宣講堂，設置宣講師以講法勸善、移風易俗、勸化人心。客家話的「講」與「廣」同音，因此鎮民也把「廣善堂」稱為「講善堂」。蕭盛和：《一個客家聚落區的形成及其發展：以高雄縣美濃鎮為例》，台北：國立台灣師範大學歷史學系碩論，2004 年 8 月，頁 52～53。

性，包括藝妓也參與其中。日治時期詩人與藝妓交流熱絡，部分藝妓因長年與詩人接觸開始學詩，進而成為自身的應酬技藝。許多詩人都曾與藝妓賦詩相贈，例如蕭乾源有〈贈鸚妓月仙〉三首、〈代碧珠女校書答輕情郎〉四首、〈敬步韻琛先生贈蕙蘭原玉〔註54〕〉、〈代蕙蘭女校書作〉四首、〈贈蕙蘭女校書〉五首、〈再贈蕙蘭女校書〉等。根據曾茂源說法：

> 小山城一時旅館酒家，如雨後的春筍般持續林立，……見晴館為日人渡假俱樂部，酒家如今鼓山里段櫻井酒家、新山里段杏花樓、萬花樓、福興樓、靜養軒為日人尋樂的酒家，竹峰里段東雀樓朝鮮亭、天外天等，入夜美女如雲，生氣勃勃燈火通明，笙歌徹夜，鶯聲燕語，喜溢眉宇，喧嘩猜拳嘹亮聲音四起震撼半邊天，真是太平歡樂盛世，人力車日夜奔馳，穿梭在各酒家之間，為藝妓及喜愛杯中物酒客服務。〔註55〕

日治時期，臺灣傳統文人或是因難遣憂悶情緒或是應酬交際，寄情詩酒、流連花叢者不乏其人。由於時常出入溫柔鄉，蕭乾源詩作中也常見歌詠藝妓之豔詩，例如〈贈鸚妓月仙〉：

> 藝精貌美玉無瑕，妓女生涯未破瓜。月夜琵琶彈綺恨，仙風飄渺入即家。
>
> 真是蟾宮月裡仙，相逢有幸贈吟篇。倘教得許終身約，勝都痴思天外天。
>
> 斷髮時粧亦可人，秋波底事善傳神。天生尤物多情種，恐有漁郎待問津。（1931 年，《資生吟草》天外天內辛未年〈贈鸚妓月仙〉三首）

月仙年輕貌美藝精，於天外天侍酒陪話，一顰一笑令詩人迷醉，甚想互許終生約，可見著迷之深。年紀尚小的雛妓可在酒家中送往迎來，侑酒作陪，雖不容於今日社會，但在日治當時似乎習以為常，成為詩人擊鉢吟詠的對象，亦見當時社會人權觀念的薄弱。

　　許俊雅分析日治時期台灣女性形象，曾歸納為六類，主要分為正反兩種不

〔註54〕玉是一種美好的東西，把原作者的作品稱作「玉」，故「原玉」是對原作的一種客套的說法。

〔註55〕曾茂源：「追尋七、八十年前旗山街一群被遺忘的先人奮鬥人物誌」，2000 年3 月 1 日，蕉心社刊。網址：http://www.chi-san-chi.com.tw/2culture/db/moa_yuen/2000.3.html，檢索時間：2015 年 2 月 9 日。

同樣貌，包括女性受到環境限制，被命運所安排，或是女性能突破傳統，追求命運自主與地位提昇，顯示出日治時期不同女性地位的限制與可能性。〔註56〕儘管日治時期女性可藉工作權來獲取地位上的提昇，但仍然存在侷限性，以偏向娛樂性質的女性職業而言，這些描述女給、藝旦與妓女等女性職業的漢詩，雖然本質上有不同的差異，但事實上都與情慾文化或產業有所相關。儘管如此，部分情色意味也相當濃厚的藝旦仍具有一定的社會階層〔註57〕。這些職業名妓能公開社交，部分藝妓為附和風雅甚至學習技藝，以迎合文人興趣，也有老鴇訓練妓女吟詩填詞、彈琴唱曲等技藝，讓她們可以和富商名流、文人才子唱酬應和，在這種環境下，部分容貌出眾並具有才學之名妓，常成為傳統文人愛慕及追求對象。〔註58〕蕭乾源也曾贈詩女校書，並代作詩歌吟和：

> 驪姬漫道擅芳名，色藝雙誇傾國城。□底艷蓮生濁溷，紅顏薄命可憐卿。（1931 年，辛未年〈敬步韻琛先生贈蕙蘭原玉〉）

> 夜闌人靜月三更，綺恨重重心上縈。作繭春蠶終自縛，唱隨何日了殘生。（1931 年，《資生吟草》辛未年〈代蕙蘭女校書作〉四首之一）

> 憐卿孽海尚沉淪，金屋難藏獨愴神。莫認青年多薄倖，愛花原是惜

〔註56〕許俊雅（1995：601～619）分析日治時期台灣小說的女性形象，曾歸納有六類：「一、被視為男人滿足生理欲望的對象。二、無由自主被拋售賤賣的女子。三、婚姻不幸庸弱見凌的女子。四、突破禮法追求情欲的女子。五、堅貞剛毅的女子。六、其他。」許俊雅歸納的第一、二、三類當中的女性仍受環境限制，被命運所安排，第四、五種的女性突破傳統，追求命運自主，地位的提昇，顯示正反兩種不同樣貌，看到日治時期不同女性地位的限制與可能性，而職業婦女題材文學也同樣有這種現象，顯示日治時期新舊遞變階段，如許俊雅歸納的第一、二、三類的一般女性及職業婦女可能被現實環境所安排、制約，第四、五種的女性可能產生自主性，進而與不同的現實抗衡。見翁聖峰：〈日治時期職業婦女題材文學的變遷及女性地位〉，《台灣學誌》創刊號，2010 年 4 月，頁 13。

〔註57〕陳惠雯提到：相較於對傳統女性的束縛，藝旦已經超越了社會對於女性拋頭露面的禁忌，因為閨秀婦女的交往對象多為家人、親戚和鄰居，唯有職業名妓才有公開社交。如此看來，藝旦作為當時少數靠一己之力獲得經濟資源，及社會認可的女性階層，在開拓女性遊走的空間上，有積極的意義。見翁聖峰：〈日治時期職業婦女題材文學的變遷及女性地位〉，頁 16。

〔註58〕在《東寧擊鉢吟》中充斥著以從良妓、妒妓、病妓、詩妓、俠妓、醉妓、瞽妓、啞妓、老妓、雛妓、歌妓等各式各樣妓女為題材之擊鉢詩作。1930 年創刊於臺南之《三六九小報》更闢「花叢小記」專欄，每期介紹一位藝妓之生平事略和容貌特徵，多數並附有照片。在此種環境下，容貌出眾並具有才學之名妓成為傳統文人愛慕及追求對象。見李毓嵐：〈日治時期臺灣傳統文人的女性觀〉，頁 97～98。

花人。（1931 年，《資生吟草》辛未年梅月玉珠出閣日〈贈蕙蘭女校
書〉五首之一）

獨占花魁擅艷名，蕙蘭尤物應傾城。蛾眉可奪春山黛，飽齒能教美
玉清。楚館愁增風月恨，巫山羞殺雨雲情。叮嚀莫負從良約，願共
雙棲樂此生。（1931 年，《資生吟草》辛未年初秋〈再贈蕙蘭女校書〉）

蕭乾源有多篇代寫或寫予校書（藝旦）的詩作。詩中蕙蘭傾城傾國，才華洋
溢，精通詩書詞章，被稱爲「女校書」〔註 59〕，令人一見消魂。無奈紅顏命
薄，雖不願長留博艷名，卻仍浮沉孽海，幸而遇見惜愛之人，從良出閣。藝
妓夜夜笙歌，與仕紳送往迎來，儘管表面風光闊綽，事實上仍處於社會底層，
不僅被酒家剝削，即使遇到心儀對象，也不一定能幸運從良嫁作人婦。詩人
透過詩句道出藝旦的苦楚與無奈，儘管如此，文末仍給予深刻祝福。文中作
者才二十多歲，已有歡場知己，除了展現詩人部分生活經歷外，也透露當時社
會風氣的開放及文人雅士的多情風流，印證詩人與藝妓間以詩歌交際的現象。

日治以來，漢詩場域由一世文人過渡到二世文人，詩人對漢詩的期許與
功能開始隨社會環境而有所改變，從明治時期的詩社以切磋詩藝爲主，大正
之後，則聘有詞宗評詩，浮現詩會的競賽性質，不僅優勝者有獲贈獎品，會
後更有餘興節目互動，原來清心幽吟的風氣已變，漸趨世俗化。昭和之際，
對吟詩等第更爲重視，部分社友對會後娛樂投入更殷，紅粉胭脂，觥籌交錯，
起坐喧嘩，詩社宛如聯誼交際的最佳場所。〔註 60〕1920 年代以來，新文學者
嚴斥約時應酬的擊鉢吟，熱衷擊鉢的詩友則主張以漢詩爲器，認爲漢詩能體
現個人眞實生活，肯定這樣的風雅娛樂。平心而論，擊鉢雖是小術，對寫詩
仍有引導及鼓勵作用，不僅能磨練遣詞能力，也可培養文學興趣，只是入門
後該如何發揮，端看寫詩者的目的及態度。

〔註 59〕 李蕙珊：妓女學習技藝的主要目的是「附文人學士之風雅」，而老鴇們爲了迎
合這些知識份子的趣味，便訓練妓女們學習吟詩填詞、彈琴唱曲等技藝，讓她
們因此有了讀書的機會。使她們不只可以和富商名流往來交際，也可與知識份
子唱酬應和。其中若有才華高瞻，精通詩書詞章者，更可以和文人才子唱酬應
和，而被尊稱爲「校書」或「校書先生」……校書，校勘圖書。古代原指掌管
校勘典籍的官員。〔唐〕胡曾〈贈薛濤〉：「萬里橋邊女校書，枇杷花下閉門居。」
薛濤，蜀中能詩文的名妓，時稱「女校書」。後因以「校書」爲有文學才華的
妓女的雅稱。見李蕙珊：〈呂溪泉〈羅山彩雲歌妓賦〉考釋〉，《東海大學圖書
館館訊》新 153 期，頁 85。
〔註 60〕 黃美娥：《古典臺灣：古典史、詩社、作家論》，頁。202

蕭乾源詩風質樸凜然，追步古典，走入現實，其漢詩風格，不刻意追求華美文字，遣詞用字不詰屈聱牙，詩作素雅，內容中蘊含典故，深厚的漢學基礎可見一斑。昭和 4 年（1929）以來，蕭乾源以地方實業家身分集結同好，抱著傳承古典詩學，涵養個人學識品格創立詩社，只是想在殖民時期適性生活，仍需有現實條件的支持，因此創立及推行詩社活動時，不免會出現向當局示好的詩作及活動。以蕭乾源而言，創立詩社後除舉辦詩會或聯吟大會外，也曾有應和東亞文化、皇民化政策，書寫順應國策及歌頌大和精神之作，身為旗山詩壇代表人物，人情應酬無可避免，自然也有許多應制酬唱之作。不同於追求嚴正詩教的理想者或是支持新文學的批判者，因為沒有強烈的遺民情懷，所以能坦然面對現實，順應現實生活，追求擊缽時的休閒適性，承認漢詩實用價值。

第二節　藝術特色

詩文創作，是詩人利用語言文字等工具，及藝術的技巧，表達心中的意念。本節將從寫作技巧及特色兩方面，探究蕭乾源漢詩作品中的藝術特色。

一、寫作技巧

詩的表現技巧包括音韻、聲調、章法、命意、鍊字、修辭、造句、琢對、用典等，〔註 61〕以蕭乾源漢詩而言，用典與修辭是最常使用的寫作技巧，以下針對用典、修辭兩部分進行析論。

（一）用典

用典又稱用事，是指在言談、寫作時引用歷史上的古人古事，或是經傳中的既有文辭，來表白、完足一己情志的一種言辭技術，在劉勰的《文心雕龍》〔註 62〕中，曾以「事類」一辭名之。〔註 63〕凡詩文中引用過去史實或語

〔註61〕林正三：「目前坊間有關詩學之論著，於修辭方面鮮少論及，致後學者如盲人摸象，難窺全貌。本章乃參考董季棠先生之《修辭析論》及黃永武教授之《字句鍛鍊法》二書，擇其與詩學有關之立論，介紹與有志於古典詩者。二氏之大著，本非專為論詩而作，……詩法與文本自略有差異，詩中有關音韻、對偶與用典等，佔有極大的分量。坊間之論詩書籍，皆另立專章介紹，故本書亦從此例。」林正三編著：《台灣古典詩學》（台北市：文史哲出版社，2007年7月），頁 241。

〔註62〕劉勰的《文心雕龍》：「事類者，蓋文章之外，據事以類義，援古以證今者也。昔文王縣易，剖判爻位，既濟九三，遠引高宗之伐，明夷六五，近書箕子之

言文字，以為比喻並增加詩句之含蓄與典雅者，即屬用典。

　　高辛勇認為中國古典詩詞美感來源在「意義」的隱藏與發現的過程。這種藝術原則涉及意義的「間接表達」，除了傳統作品中強調的含蓄、婉轉、委屈等修辭手法能引起這種經驗外，「用典」與「類比」的手法也能使讀者做這種心智活動。一般而言，用典功能包括：使立論有根據、方便於比況和寄意、減少語辭之繁累、美化詞句並充實內容；使用要領上強調要「事如己出，渾然無跡」、「純用易見事，易識事」、「引用典故須加剪裁，期能切中題旨」、「典故有涉及諷刺譏笑或過於恭維者，皆不宜使用」，〔註64〕其種類包括明典、暗典、翻典；典故來源則有譬喻、引成辭、引史事、引古人自比、引古人文章等，參照附錄五可清楚看見蕭乾源擅長用典的寫作特色。

　　劉勰說的「事類」就是典故，所謂「據事以類義，援古以證今」，是一種充實作品，修飾文辭的方法。根據林正三所說，典故來源包括譬喻、引成辭、引史事、引古人及文章等。所謂「引成辭」是指引用經傳古籍中曾經出現過，且多半耳熟能詳的文辭，來表達一己情意的做法。〔註65〕從表4-2可以發現，蕭乾源引用成語辭句比例最多，如描寫人物用紅顏薄命、蠑首蛾眉、傾國傾城、天生尤物、水性楊花、河東獅吼、明眸皓齒等；懷友言愁時用蓴鱸之思、一衣帶水、暮雲春樹、西窗剪燭、忘年之交、一曲陽關等；抒懷心志時用枕流漱石、南柯一夢、投筆從戎、直搗黃龍、鯉躍龍門、聞雞起舞、馬齒徒長、籠鳥檻猿、響絕牙琴等；應酬祝賀時用琴瑟和鳴、雙宿雙飛、花好月圓、龜齡鶴算、南極星輝、齒德俱尊、蘭桂齊芳、椿萱並茂、南極星輝、菽水承歡、春風化雨、桃李滿門、國泰民安、國運昌隆、駕鶴西歸等，這些成語廣為人

貞：斯略舉人事，以徵義者也。至若胤征羲和，陳政典之訓，盤庚誥民，敘遲任之言，此全引成辭，以明理者也。然則明理引乎成辭，徵義舉乎人事，迺聖賢之鴻謨，經典之通矩也。……是以綜學在博，取事貴約，校練務精，捃理須覈，眾美輻湊，表裏發揮。……凡用舊合機，不啻自其口出，引事乖謬，雖千載而為瑕。」（梁）劉勰著、王更生注譯：《文心雕龍讀本》下篇（台北市，文史哲出版社，1999年9月），頁168～170。

〔註63〕梅家玲：〈世說新語名士言談中的用典技巧〉，《臺大中文學報》第2期，1988年11月，頁341～342。

〔註64〕林正三編著：《台灣古典詩學》，頁317～337。

〔註65〕在《文心雕龍》中，劉勰曾將用典的取材方式大別為「據人事以徵義」與「引成辭以明理」二類。「引成辭」就是指引用經傳古籍中曾經出現過，而又多半為人所耳熟能詳的文辭，來表達一己情意的做法。梅家玲：〈世說新語名士言談中的用典技巧〉，頁345。

知，非冷僻奇險之辭彙，且語出有據，只要稍有國學概念的民眾也能明白，不至於劃開詩人與讀者間的鴻溝。

表4-2　蕭乾源引用典故與成語簡表

詩　題	引用典故或成語	詩　題	引用典故或成語
〈從良妓〉之一	乘龍、琴瑟和鳴	〈爭杯〉之二	浮生若夢
〈從良妓〉之二	露水姻緣、關雎	〈心花〉之一	狂蜂浪蝶
〈從良妓〉之三	河東獅吼	〈種菊〉	陶潛，潯陽柴桑人、三徑
〈從良妓〉之四	金屋藏嬌	〈壽翁〉之一	龜齡鶴算
〈從良妓〉之五	雙宿雙飛	〈壽翁〉之二	南極星輝、五福三多
〈春日呈黃志輝詞兄〉	鴻鵠之志、拋磚引玉	〈壽翁〉之三	齒德俱尊
〈驪歌〉之一	霸陵折柳	〈寄懷阮文仁先生〉	春樹暮雲、投筆從戎
〈驪歌〉之三	臨岐	〈懷友〉	一日三秋、西窗剪燭、訪戴
〈驪歌〉之三	折柳、陽關三疊	〈秋聲〉之一	歐陽脩作〈秋聲賦〉
〈凍頂茶〉	盧仝七碗茶	〈秋聲〉之二	誰家玉笛暗飛聲，散入春風滿洛城。（李白〈春夜洛城聞笛〉）
〈問槎〉之一	八月槎	〈春耕〉	沾衣欲濕杏花雨（僧志南〈絕句〉）、擊壤
〈秋懷〉之三	三徑、蓴鱸之思	〈善堂初會〉之二	忘年之交、蘭亭宴集
〈訪菊〉	三徑	〈探梅〉之一	寒驢破帽登山去……傷心和靖先生墓。（張可久〈塞鴻秋〉）
〈恨人〉之一	浮生若夢、逐鹿中原	〈探梅〉之二	林和靖梅妻鶴子、孟浩然騎驢尋梅
〈恨人〉之三	直搗黃龍	〈江風〉之一	封姨、宗愨乘風破浪
〈長命縷〉	彭祖	〈江風〉之二	王閎持劍怒斥董賢
〈閒居〉之一	三徑、昨是今非、富貴浮雲	〈鶯聲〉之二	打起黃鶯兒，莫教枝上啼。啼時驚妾夢，不得到遼西。（金昌緒〈春怨〉）
〈閒居〉之二	陶潛解印、彈無弦琴趨炎附勢、枕流漱石	〈燕剪〉之一	朱雀橋邊野草花，烏衣巷口夕陽斜。（劉禹錫〈烏衣巷〉）
〈閒居〉之三	南柯一夢、豹隱	〈裁雲〉之二	雲想衣裳花想容（李白〈清平調〉）

〈春日登山〉之一	孟浩然雪中騎驢尋梅	〈歸燕〉之三	舊時王謝堂前燕，飛入尋常百姓家。(劉禹錫〈烏衣巷〉)
〈春日遊太平寺〉	丹邱	〈冬暖〉之二	閔子騫蘆衣順母
〈苦熱〉之一	沉李浮瓜	〈垂釣〉之一	竹杖芒鞋輕勝馬，誰怕？一簑煙雨任平生。(蘇軾〈定風波〉)
〈代碧珠女校書答輕情郎〉之二	水性楊花	〈垂釣〉之二	姜太公釣魚，願者上鉤
〈代碧珠女校書答輕情郎〉之四	紅顏薄命	〈秋光〉之二	十二樓台、三千世界
〈贈蕙蘭女校書〉之一	蛾首蛾眉、傾國傾城	〈追懷朱阿華老先生〉之一	老氣橫秋、蘭桂齊芳
〈贈蕙蘭女校書〉之二	紅顏薄命	〈追懷朱阿華老先生〉之二	忘年之交、莫逆之交、酒逢知己千鍾少，話不投機半句多。
〈贈蕙蘭女校書〉之三	女媧補天	〈追懷朱阿華老先生〉之三	紅羊劫、白戰
〈贈蕙蘭女校書〉之四	金屋藏嬌	〈甘露寺取婿〉之一	賠了夫人又折兵、弄假成真
〈贈蕙蘭女校書〉之五	花好月圓	〈眉齊雙壽〉	蘭桂騰芳、椿萱並茂、南極星輝
〈代蕙蘭女校書作〉之一	精衛填海	〈觀海〉之二	海市蜃樓、伍子胥抱憤沉江
〈代蕙蘭女校書作〉之四	夜闌人靜、作繭自縛	〈觀海〉之三	滄海桑田、浪花淘盡英雄
〈再贈蕙蘭女校書〉	巫山雲雨	〈旗美吟會拾週年紀念〉之二	揚風扢雅
〈敬步韻琛先生贈蕙蘭原玉〉	傾國傾城、紅顏薄命	〈萱草春〉之二	寸草春暉
〈贈鸚妓月仙〉之三	秋波送情、天生尤物	〈菽水供親〉	菽水承歡
〈竹山亭偶感〉	是非成敗轉頭空，青山依舊在，幾度夕陽紅？(楊慎〈臨江仙〉)	〈雨意〉之三	風起石燕飛，天雨商羊舞。鯉躍龍門、風雲際會
〈寄懷志輝兄〉	望穿秋水、望眼欲穿	〈太平鼓〉之一	國泰民安
〈端午懷鷺江國清兄〉之一	一衣帶水	〈太平鼓〉之二	擊壤
〈端午懷鷺江國清兄〉之三	暮雲春樹	〈美人〉	蛾首蛾眉、傾國傾城
〈馬跡〉之一	五陵少年	〈烽火〉	周幽王舉烽火戲美人

〈夜坐〉之二	新愁舊恨	〈追懷七十二烈士〉	鬼哭神號、留取丹心照汗青
〈笑花〉之一	千金難買	〈灰蝴蝶〉之一	莊周夢蝶
〈笑花〉之二	周幽王舉烽火戲美人	〈雞聲〉之二	聞雞起舞
〈木鐸〉右元左花	斐亭、蘭亭	〈五日感懷〉右九左避	賈誼作〈弔屈原賦〉
〈師恩〉右十左避	春風化雨、桃李滿門	〈初夏即事〉左花右五	南窗高臥
〈文運〉右五左避	揚風扢雅	〈延平詩社十周年〉左花右避	人文薈萃、斐亭吟會
〈燕語〉左五右避	王謝堂前燕	〈延平詩社十周年〉左四右避	斐亭吟會
〈桂影〉左五右十二	仙桂曾攀第一枝，薄游湘水阻佳期。(沈彬〈贈王定保〉)	〈野渡無人舟自橫〉左花右五	春潮帶雨晚來急，野渡無人舟自橫。(韋應物〈滁州西澗〉)、中流擊楫
〈詩聲〉左元右五	斐亭、蘭亭	〈冬夜書懷〉左八	巴蛇吞象、螳螂捕蟬，黃雀在後、臥薪嘗膽
〈餞春雨〉右眼左避	一曲陽關	〈蝴蝶蘭〉右元左廿一	莊周夢蝶、並蒂蓮
〈菊影〉右眼左避	三徑	〈旗影〉右花左五	龍盤虎踞
〈昭和十九年甲申簡義桂芳二詞友將之南方〉	投筆從戎、破釜沉舟		
〈寄懷黃詠鶴硯兄〉	王子猷雪夜訪戴安道	〈秋懷〉右六	聞砧
〈弔悟眞社副社長柯李忠先生〉	南柯一夢、駕鶴西歸	〈秋懷〉左七右八	蓴鱸之思
〈美人〉左花右五	紅顏薄命、綠章祭天	〈新春試筆〉	國運昌隆
〈美人〉左臚右七	明眸皓齒	〈元旦書懷〉	馬齒徒增
〈觀棋〉右臚左十	逐鹿中原	〈青樓怨〉之一	送往迎來、籠鳥檻猿
〈觀棋〉右五左七	袖手旁觀	〈青樓怨〉之三	紅拂女慧眼識英雄
〈觀棋〉左六	柯爛忘歸	〈春日遊皷山〉之一	鳥語花香
〈春感〉右三左八	逐鹿中原	〈春日遊皷山〉之二	豹隱
〈春感〉右五左元	閨中少婦不曾愁，春日凝妝上翠樓。忽見陌頭楊柳色，悔教夫婿覓封侯。(王昌齡〈閨怨〉)	〈哭黃秋輝詞兄仙逝〉	俗傳太白醉騎鯨、響絕牙琴、一去紫臺連朔漠，獨留青塚向黃昏。(杜甫〈詠懷古蹟〉)
〈春感〉左七右九	萬紫千紅、馬齒徒長	〈翠屏夕照〉	江河日下
〈秋懷〉左二	三徑		

　　由表 4-2 可知，蕭乾源創作漢詩時，時常脫化古典詩詞、成語名句。因擊
缽創作限時、限題，詩人必須在有限的時空中，引用典實、陶鑄詩句，不僅可
彰顯詩才，也能美化詩文，減少語詞繁雜，拓展詩詞意境的可讀性與說服力。

　　蕭乾源也常引古人入詩，包括彭祖、屈原、陶潛、劉伶、賈誼、孟浩然、
林和靖、姜太公、紅拂女、閔子騫等，這些人物不管虛構或眞實，都有鮮明
的人格特質，故能以人喻事、以人喻人，減少詞語累贅外，也可比況與寄意，
成爲詩人善用手法。其他如以三徑、豹隱、折柳、封姨、石燕、商羊、並蒂
蓮、綠章、聞砧與柯爛等詞語，分別隱喻歸隱、送別、風雨、夫妻、青詞、
遊子情懷與感嘆歲月流逝，人事變遷等意象，不僅省卻筆墨增加語彙美感，
也能擴大詩句的聯想性。此外，作品中也有引古人文章者，例如楊愼的〈臨
江仙〉、張可久〈塞鴻秋〉、李白〈春夜洛城聞笛〉、金昌緒〈春怨〉、劉禹錫
〈烏衣巷〉、蘇軾〈定風波〉、沈彬〈贈王定保〉、韋應物〈滁州西澗〉、王昌
齡〈閨怨〉、杜甫〈詠懷古蹟〉等詩句都曾被化用。其他引用史事部分，包括
蘭亭宴集、斐亭吟會、陳涉的鴻鵠之志、盧全七碗茶、周幽王舉烽火戲美人、
班超投筆從戎、伍子胥抱憤沉江、周瑜賠了夫人又折兵、王子猷雪夜訪戴安
道等，都是中國著名典實史實，非冷僻奇險之典，不至於艱澀難懂，故能獲
得讀者共鳴，避免曲高和寡之慮。

　　運用典故時，必須注意：第一要有學問，第二點要選擇精確，〔註 66〕對
典故的選用，與詩人的才學、識見相關。蕭乾源引用古詩古事，除了託事言
志外，也能使立論有所據，突顯詩人豐富的國學底蘊。以旗峰吟社而言，成
社宗旨就是「專研究詩文」與「風雅唱和切磋詩文」，詩句出現大量典故，其
實也是詩社內的教學趨向。爲求語言精練，言之有物，蕭乾源十分重視詩友
的國學涵養，不僅定期舉辦漢詩研習集會，也廣邀詩壇名士蒞臨指導。詩作
中常出現熟悉的古人或典故，正可呼應身爲詩社舵手的蕭乾源，認眞實踐生
活文學化與詩學普及化的努力。

〔註 66〕王更生：事類又叫事義，就是典故，也就是今人所謂之「材料」。……運用材
　　料想要得心應手，有兩個條件必須注意：第一要有學問，彥和說：「文章由學，
　　能在天資」……對於爲文用「事」而言當然要依靠廣博的學問，但又不完全
　　是「學的問題」。因此第二點，便是要選擇精確……。我們在充實見聞，多識
　　前言往行之餘，固應窮源溯流，知所抉擇；但亦當衡情酌理，得適其要。這
　　樣，在運材的時候，才不至發生謬誤。（梁）劉勰著、王更生注譯：《文心雕
　　龍讀本》下篇，頁 167～168。

（二）修辭

創作是積字成詞，綴詞成句的過程，修辭的目的是爲了使詩文創作者所欲表述之意念，能夠達到準確、鮮明、生動，以產生最佳的藝術效果。筆者整理蕭乾源漢詩，發現常見修辭有：譬喻、設問、轉化、映襯、借代、摹寫、類疊與對仗等，茲將此部分較爲明顯者略列一表以明之：

表 4-3　蕭乾源漢詩修辭整理表〔註 67〕

譬喻／詩句／詩題	設問／詩句／詩題
情到別離心欲碎，事多流浪鬢如絲。詩鐘〈情絲〉	廣寒未許俗人避，沉李浮衣何處能。〈苦熱〉
鎮日炎炎熱氣蒸，汗珠似雨苦難禁。〈苦熱〉	人生幾度逢秋節，乘興輕舟夜不眠。〈中秋泛月〉
何當一滴垂楊水，灑遍塵寰冷似冰。〈苦熱〉	陋習豈因唐作俑，蘭盆勝會繼年年。〈燈篙〉
琵琶一曲恨餘生，每訴衷情淚雨傾。〈贈蕙蘭女校書〉	有石情天何日補，卿卿我我恨綿綿。〈贈蕙蘭女校書〉
眞是蟾宮月裡仙，相逢有幸贈吟篇。〈贈鸝妓月仙〉	盧仝七碗今何在，空負龍芽勝建溪。〈凍頂茶〉
端陽此日憶分離，細雨絲絲似淚垂。〈端午懷鷺江國清兄〉	吟樓獨坐寂無聊，惆悵離愁何日消。〈端午懷鷺江國清兄〉
世事浮沉生若夢，玉山頹處樂陶然。〈爭杯〉	滄海銀河水接流，乘槎誰到碧空遊。〈問槎〉
羨翁矍鑠龍鍾態，也似參天古柏春。〈壽翁〉	長竿高掛數燈青，明滅何曾照鬼形。〈燈篙〉
最是蟾光添瑞彩，江山萬里白如銀。〈春雪〉	淒風愁雨打窗前，恨海何時衛石填。天只生人情便了，多情多恨有誰憐。〈代蕙蘭女校書作〉
恰似鶯梭飛擲急，天機活動日紛紛。〈魚梭〉	
枝頭似鼓金絃瑟，葉底如彈綠綺琴。〈鶯聲〉	秋水伊人眼欲穿，文旌何日再言旋。〈寄懷志輝兄〉
欣沾教澤欽師惠，似海如山孰敢忘。〈師恩〉	每憶西窗同剪燭，何時願遂訪遠舟。〈懷友〉

〔註67〕因律詩中頷聯與頸聯本就有對仗要求，且詩句中摹寫與類疊的例子太多，因此本表修辭部分未列出此三類修辭。

片片幾疑飄玉帶，重重恰似剪羅衣。〈裁雲〉	聞說天河接海流，靈槎誰乘廣寒遊。太虛昔日人曾賞，是否橋邊會女牛。〈問槎〉
玄冥威未展，萬象正如秋。〈冬暖〉	東君重駕蒞，夫婿信何遲。〈春感〉
人心畢竟蛇吞象，世事爭如雀捕蟬。〈冬夜書懷〉	誰家寒杵三更急，何處疎鐘五夜清。〈秋聲〉
終宵入耳丁東響，也似時鐘報刻精。〈夜漏〉	萬戶寒砧催夢醒，誰家玉笛惹愁生。〈秋聲〉
雅號宜男態若仙，獨超凡卉艷陽天。〈萱草春〉	滿懷恨緒增多少，惱殺香閨遠戍情。〈秋聲〉
欲活精神疑倩女，如生眉黛如驪姬。〈畫中美人〉	拔劍王閣何處去，風波萬里感無窮。〈江風〉
疑是楊妃經晚浴，恍如西子正幽思。〈畫中美人〉	富貴浮雲何足羨，逍遙世外好忘機。〈閒居〉
紙魂灰魄舞斜曦，恍惚漫天粉翅痴。〈灰蝴蝶〉	大澤橫流傷世態，狂瀾能挽有誰先。〈觀海〉
願藉商庚勤諜織，何愁世事亂如麻。〈鶯梭〉	狂濤怒吼緣何事，豈是靈胥恨未眠。〈觀海〉
天正霏霏淚滴如，楝花風裡灑庭除。〈餞春雨〉	童顏鶴髮今何在，惟剩荒墳臥夕陽。〈追懷朱阿華老先生〉
自由民主佈鯤瀛，應似燈台四射明。〈臺灣是民主自由之燈塔〉	試問天涯淪落客，江湖浪跡息何時。〈行踪〉
羅漢佛頭青未潑，觀音螺髻翠如描。〈羅門秋色〉	金谷園中一朵開，問誰移植在靈臺。〈心花〉
霞蔚仙溪紅似染，煙凝鼓岫碧於描。〈羅門秋色〉	家山何處是，親舍望無窮。〈龍崗觀雲〉
托根九畹擅芳譽，潔白花開粉翅如。〈蝴蝶蘭〉	大好風光憑藻繪，占鼇誰肯讓人先。〈五日白鶴寺雅集〉
巧運心機手法眞，連攻車炮妙如神。〈觀棋〉	
結束身材妙似花，司機人共計生涯。〈女車掌〉	
國運隆昌如旭日，皇軍勇敢勝歐人。〈新春試筆〉	舟夫畢竟歸何處，落日江千愁殺人。〈野渡無人舟自橫〉
檻中獸與籠中鳥，只當阿儂不自由。〈青樓怨〉	
玉枕明如畫，銀屏翠欲流。〈內門列嶂〉	**映襯／詩句／詩題**

好是雌雄聯並蒂，芸窗對舞助吟余。〈蝴蝶蘭〉	林泉心逸知今是，仕宦形勞覺昨非。〈閒居〉
轉化／詩句／詩題	不向苑中偷冶艷，偏來塚上弄晴曦。〈灰蝴蝶〉
富貴花開色艷紅，生來傲骨笑春風。〈牡丹花〉	蕉如有意生南國，梅竟無心偃北風。〈蕉風〉
幾疑西子臨粧鏡，相對嫣然百媚生。〈鏡中花影〉	**借代／詩句／詩題**
明月團圓人尚缺，不勝離恨上眉頭。〈無題〉	徘徊人在東風裡，無限吟懷爽氣生。〈鼓山春月〉
裁成錦繡風刀巧，織就文章雨線微。〈裁雲〉	我願干戈從此息，興師擁蔣解冰霜。〈祝雙十節〉
無心出岫疊崔嵬，擬待從龍天際飛。〈裁雲〉	樽前欲別唱驪駒，一路金風送玉軀。〈驪歌〉
風剪鏤開成舞服，雨絲穿就幻戎緋。〈裁雲〉	野店分襟留寶劍，長亭折柳醉瓊酥。陽關未忍歌三疊，露冷西風一棹孤。〈驪歌〉
朵朵裁刪思韻事，唐宮承寵想楊妃。〈裁雲〉	
樑間底事呢喃語，應有離愁別恨交。〈歸燕〉	虛渡韶光十八秋，黃花爛熳思悠悠。即今蕭瑟西風裡，斷續聲蟬動客愁。〈秋懷〉
故窩無恙雙棲穩，時聽呢喃艷語交。〈歸燕〉	
知是天心工醞釀，甘霖欲沛洗塵封。〈雨意〉	我不紅顏偏命薄，滿懷愁恨訴阿誰。〈代碧珠女校書答輕情郎〉
天憫神州遭赤禍，銀河欲瀉洗妖烽。〈雨意〉	
瀟湘移植數竿青，志抱參天尚幼齡。〈新竹〉	雅韻悠揚出杏壇，春風滿座響漫漫。〈木鐸〉
江山簇簇楓林襯，疑是紅霞染大千。〈榴火〉	仰沾時雨惠無疆，桃李欣欣發異香。〈師恩〉
橫塘十里曉煙涵，出水田田帶笑憨。〈新荷〉	化雨春風及萬方，三千桃李鬥芬芳。〈師恩〉
情到別離心欲碎，事多流浪鬢如絲。〈情絲〉	屈節休嗤錢樹子，鞠躬爭拜孔方兄。〈孔子節〉
絲連藕斷空遺恨，地老天荒不了情。〈情絲〉	紅顏畢竟都成讖，那得東君護此身。〈薄命花〉

海上回來社日交，雙雙猶戀去年巢。 羨他眞個多情種，王謝凋零未忍拋。 〈歸燕〉	海天休灑哀時淚，蘋藻輸誠荐國觴。 〈甲辰詩人節有感〉
情到纏綿蠶作繭，心難割愛藕牽絲。 〈情絲〉	
不向苑中偷冶艷，偏來塚上弄晴曦。 靈身欲入莊生夢，鎮日翩翾舞素姿。 〈灰蝴蝶〉	

綜觀蕭乾源漢詩的修辭手法，除了古典詩中最常見的類疊、對仗與摹寫外，還有譬喻、設問、轉化、映襯、借代等技巧。在漢詩寫作中，透過文字對即景或想像中事物的聲音、形狀、情態、色彩等，作生動而貼切的描繪，即是摹寫。蕭乾源詩作中包括鄉土景致、自然風光、農漁風情等詩，都可見摹寫手法，是寫景詩中常使用的技巧。此外，譬喻法類似六義中的「比」，能將詩文中的事物描寫得更形象化、更生動，例如以「江山萬里白如銀。」描寫春雪美景，以「眞是蟾宮月裡仙」詠畫中美人，以「細雨絲絲似淚垂」思念友人，以「國運隆昌如旭日」歌詠皇軍氣勢等等。不論是詠物、詠人、抒懷、頌揚等詩題都可見譬喻，是用典外蕭乾源另一個常用的修辭技法。

設問能引人注意，啓動思緒，例如「陋習豈因唐作俑」以反詰語氣批判豎燈篙的民俗陋習，以「童顏鶴髮今何在」感慨長者已逝，以「何時願遂訪逵舟」抒發懷友之情等，不論是有問不答、實問虛答、問東答西、實問實答等，都能在不直述的過程中，以問句帶出重點，不僅引起讀者注意，也能藉由語氣傳達出作者的眞實心意。映襯則是將兩種相反或相對的事物並列，透過比較性的詞彙或句子加深讀者印象，如詩中以「昨是／今非」、「有意／無心」的鮮明對比強化語意層次，讓讀者印象深刻。轉化係指創作時轉變事物原來性質，轉化成另一種與本質截然不同的想像，是一種將自身對某人或物的感受情緒，投注到其他事物上的修辭法。如詩中提到花笑春風、天憫神州、歸燕戀巢、瀟湘志抱參天、新荷憨笑等，都是詩人的移情與想像。轉化可以借物言志、寓情於物，除了描述生動創新外，也能表達詩人情思，增強文章的感染力，因此也被廣泛應用在蕭乾源的漢詩中。

一般典故強調有據可依，有證可訪，能增強文章的可讀性和說服性，借代則是不直接說出要說的事物，而是藉用密切相關的名稱來代替之，如詩中以東風、西風、金風、紅顏、干戈、東君、桃李、折柳、黃花、孔方兄等借

代相關事物，能讓意象更豐富。由於詩詞作品有一定的字數限制，為求創新而變換辭彙，借代成為詩人寫作上的常見修辭。

蕭乾源國學蘊底深厚，其漢詩多是擊缽聯吟之作，在限題限韻限時的環境下，用典與修辭自然成為詩人善用技巧特色。雖然部分詩作受限詩題，許多內容主題與思想並非詩人當下心境的展現，但我們仍能透過典實及修辭的運用，建構詩人所欲表現的情境狀態，嘗試探知蕭乾源內在真實的感觸及理念。

二、寫作特色

因民間詩壇盛行的擊缽詩有其定法，要點包括：相題命意、選韻，謀篇布局。所謂相題，就是指確認題旨，命題則是先在心中醞釀出所欲表達的詩意，如作畫必始於構圖，心中先有丘壑，始能形諸筆墨。另外在選韻部分，因擊缽詩多為限韻詩，出題後即行拈韻，詩人必須選定適合題意之字為韻腳，才便於造句遣詞，如東真韻寬平、支先韻細膩、魚歌韻纏綿、蕭尤韻感慨。一般而言，「尤、侵」韻之詩，較適於憂愁情緒之表達，「覃、東、江、陽」等韻，較適於表達歡樂、開朗之情緒，聲響與所表現的情緒相關，不可草草亂用。〔註68〕以蕭乾源詩作為例：描寫思鄉的〈樓上晚眺〉（侵韻）、〈秋懷〉（尤韻）、思友的〈懷友〉（尤韻）、〈寄懷阮文仁先生〉（尤韻）、感懷的〈鶯聲〉（侵韻）、〈浮萍〉（尤韻）、〈無題〉（尤韻）等，命題與韻目屬性相合，更能突顯作品情意。另外，描寫閒樂心境的〈旗山橋晚眺〉（東韻）、〈秋江盟鷗圖〉（東韻）、〈秋光〉（東韻）、自勉奮進的〈筆鋒〉（東韻）、寫物論事的〈燕剪〉（覃韻）、〈新荷〉（覃韻）、〈甘露寺取婿〉（江韻），以及歌頌讚揚的〈辛卯詩人節紀念鄭成功〉（東韻）、〈臺灣是自由民主的燈塔〉（陽韻）、〈日出東方〉（陽韻）、〈滿地紅〉（東韻）、〈角黍〉（陽韻）、〈烈士魂〉（江韻）等，都是配合詩韻本身屬性，鋪陳詩題主旨及所欲表達之情境意趣，亦見詩人重視聲韻之細節。

蕭乾源漢詩多為擊缽、課題或雅會之作。課題與擊缽之詩題，立題方向不離榮遇之詩、諷諫之詩、登臨之詩、征行之詩、贈別之詩、詠物之詩、讚美之詩、哭挽之詩、賡賀之詩、酬贈之詩、詠史之詩等〔註69〕，因題材相似，難免遇到辭彙重複的問題，例如許多與秋、田園或隱逸相關的詩題，常會以陶淵明為發想，三徑、東籬、黃花、豹隱等都是慣用辭彙；談女子或美人時，

〔註68〕詳見林正三編著：《台灣古典詩學》，頁138。
〔註69〕林正三編著：《台灣古典詩學》，頁194～197。

紅顏、驪姬、貴妃、西子等人物，也會成爲常用詞，故偶有雷同之弊。

　　此外，有關用韻部分，詩歌中押韻是基本的先行條件，除了能加強詩歌聲律外，也能體現詩歌的藝術魅力。目前近體詩之押韻仍有多種戒忌，包括：戒出韻、戒湊韻、戒重韻、戒倒韻、戒啞韻、戒僻韻、戒別韻、戒犯韻、戒複韻等。其中重韻（同一韻腳重覆押之）在近體詩中視爲屬禁，至於「同音字押韻」是否犯了格律詩避忌？有人主張不忌，認爲唐宋作品中也有類似，有人則以爲是犯韻忌。蕭乾源漢詩中也有一些同音字韻腳，例如：

> 不求榮祿故園歸，茅舍柴門日掩扉。三徑菊松情繾綣，滿窗風月興遄飛。林泉心逸知今是，仕宦形勞覺昨非。富貴浮雲何足羨，逍遙世外好忘機。（1931 年，《資生吟草》辛未年〈閒居〉七律微韻三首之一）

> 此老修來五福臻，龜齡鶴算世堪珍。羨翁矍鑠龍鍾態，也似參天古柏春。（1936 年，《資生吟草》丙子菊月祝朱阿葉壽誕擊鉢〈壽翁〉七絕眞韻）

> 旁生側出綠初濃，時見耘培是蔗農。他日節高甘到尾，一枝倒啖爽吟胸。（《資生吟草》同高雄州下聯吟會〈蔗苗〉七絕）〔註70〕

> 營謀未遂嘆沉淪，愁緒縈懷何處申。世事滄桑無限感，好尋幽境隱吟身。（1937 年，《資生吟草》丁丑年〈敬步文仁兄原玉〉七絕眞韻）

> 無心出岫疊崔嵬，擬待從龍天際飛。風剪鏤開成舞服，雨絲穿就幻戎緋。彩分華蓋功稱著，艷比霓裳妙入微。朵朵裁刪思韻事，唐宮承寵想楊妃。（1943 年，《資生吟草》癸未旗美課題〈裁雲〉七律微韻二首）

> 橫塘十里曉煙涵，出水田田帶笑憨。有待高張擎雨蓋，文禽戲水興何酣。（《旗峰鐘韻擊鉢詩集》〈新荷〉七絕覃韻）

> 綺恨春愁抽縷縷，愛苗情種繫紛紛。相思有豆休言贈，心緒纏綿已十分。（《旗峰鐘韻擊鉢詩集》〈情絲〉七絕文韻二首）

〔註70〕本首詩也曾刊於 1936 年《詩報》第 130 號，詩作內容爲「雨餘滿園綠重重，時見耘培務老農。他日節高甘到尾，一枝倒啖豁心胸。」押韻字爲「重、農、胸」，非同音押韻。因《資生吟草》中未註〈蔗苗〉寫作日期，只提及「同高雄州下聯吟會」，無法判斷兩首詩之先後。若《資生吟草》詩作爲後，更可成爲詩人不避同音字押韻之證。

「扉、飛、非」、「臻、珍」「濃、農」、「申、身」、「飛、緋、妃」、「憨、酣」、
「紛、分」，以上六首皆出現同音韻腳。一般來說，近體詩不可同字押韻，同
音字韻腳最好也不要出現，如此才能吟出聲韻之美，只是自古以來，仍有許
多大家使用同音字押韻的詩例〔註 71〕。以〈新荷〉、〈情絲〉而言，這兩首詩
雖有同音韻腳的情形，但在擊缽活動中，仍獲得右四（左避）以及右元左五
的好成績，可見當時詩社內對同音字押韻並不避諱。只是部分詩論家仍認為
此舉有犯韻之虞，如由其擔任吟會詞宗，一旦執此以為準繩，詩作是否優先
被刷掉，就不得而知了。

　　值得一提的是，在蕭乾源漢詩中，「首句入韻」比例極高，他的入韻方式
皆是同韻目韻腳，未使用如飛雁入群格、飛雁出群格、進退格、轆轤格等特
殊押韻法〔註 72〕。一般說來，近體詩中七言詩首句入韻為正格，非則偏格；
五言詩首句不入韻為正格，入則偏格。綜觀蕭乾源詩作，七言詩部分僅約三
十首未首句入韻，其餘全為正格；五言詩部分則幾乎都是首句不入韻，正格
書寫的比例高達九成以上，〔註 73〕由此可見蕭乾源十分重視格律，因此慣用

〔註 71〕李白、杜甫都有同音字押韻的詩例，如：李白〈聞王昌齡左遷龍標遙有此寄〉：
　　　　「楊花落盡子規啼，聞道龍標過五溪。我寄愁心與明月，隨君直到夜郎西。」
　　　　「溪」與「西」是同音字。杜甫〈望嶽〉：「岱宗夫如何，齊魯青未了。造化
　　　　鐘神秀，陰陽割昏曉。盪胸生層雲，決眥入歸鳥。會當凌絕頂，一覽眾山小。」
　　　　「曉」與「小」是同音字。

〔註 72〕林正三：「古人另有數種特殊之押韻法，如飛雁入群格（或稱孤鶴入群格，
　　　　即首句所押之韻，非在同一韻部之內也，惟仍須以古韻能通轉者為限）、飛
　　　　雁出群格（或稱孤鶴出群格，意謂一首詩之末句所押之韻，非在同一韻部之
　　　　內，然亦須以古韻能通轉者為限）、進退格（進退格者，如如七律八句四聯，
　　　　首聯押「六魚」韻，次聯換「七虞」韻，第三聯復用「六魚」韻，末聯更用
　　　　「七虞」韻。一進一退，然亦須在古韻本相通之範圍內，非可任意也）、轆
　　　　轤格（乃是極端通韻之例，固不可為訓，為初學者亦宜知之）。以上為特殊
　　　　之押韻格式，略述之以備一格，唯初學者切勿輕易嘗試，蓋恐養成習慣，而
　　　　積弊難返也。或引為飾詞，則非筆者本意。」林正三編著：《台灣古典詩學》，
　　　　頁 127～131。

〔註 73〕就筆者統計，在蕭乾源三百多首近體詩作中（扣除詩鐘與古詩作品），五言有
　　　　〈春耕〉一首、七言有〈從良妓〉一首、〈賈誼〉一首、〈驪歌〉二首、〈凍頂
　　　　茶〉一首、〈醉菊〉一首、〈情絲〉二首、〈文運〉一首、〈鶯梭〉一首、〈燕語〉
　　　　一首、〈垂釣〉一首、〈歸燕〉一首、〈魚梭〉二首、〈灰蝴蝶〉一首、〈蝴蝶蘭〉
　　　　一首、〈雞聲〉一首、〈春日訪鄭王梅〉一首、〈延平詩社十周年〉一首、〈桂
　　　　影〉一首、〈烈士魂〉二首、〈野渡無人舟自橫〉一首、〈微婚〉一首、〈行踪〉
　　　　一首、〈觀棋〉一首、〈落花〉一首、〈秋懷〉一首、〈裁雲〉一首等，僅約三
　　　　十多首非正格書寫。

正格寫詩，這也與詩人重視漢詩研究有密切關係。

　　蕭乾源漢詩中以擊鉢課題詩作居多，不論是特定題目的課題，或是有時間限制的擊鉢競賽，在創作目的與題材的牽制下，常有應和當局政策與時勢之詩作，包括日治應和皇民化思想，或是戰後擁護國軍，高喊反共殺俄等，都是呼應當權者的作品，另外，詩中也難免出現句型雷同、用詞或用韻重複等問題，如〈情絲〉：

　　　　綺恨春愁抽縷縷，愛苗情種繫紛紛。相思有豆休言贈，心緒纏綿已十分。

　　　　千條萬縷認無痕，長短端由意緒分。我也幾番遭束縛，難將慧劍解纏紛。（《旗峰鐘韻擊鉢詩集》〈情絲〉七絕文韻二首）

詩社課題、擊鉢活動甚多，詩人常有一題多投的現象，在詩題、用韻、體裁、時間之限制下，所選韻字也十分容易重覆。以這兩首詩為例，除了用韻一致外，比較同場詩人之作，其中劉福麟也寫到「多少英雄曾受絪，何曾慧劍解纏紛」〔註74〕，除困惑兩人末句為何雷同外，重覆語詞也削弱了詩作的獨特性與詩意。

　　蕭乾源擁有深厚的國學底蘊，用典頻繁，能自然融入修辭技巧，增強詩作深度及廣度，是一般利用漢詩酬唱交驩之人無法相提並論的。他的詩風質樸自然，取材廣泛，較少自怨自艾、消極諷刺之作，包括歷史名人、庶民百姓、草木花鳥、季節時令等，都能入詩引詠。部分詩作因應和擊鉢墨戲，雖有詞句重複，詩意不足之現象，但他重視詩文研究，紮根國學的功夫，仍令人欽佩。

〔註74〕劉福麟：「縱橫蜜蜜條條繫，俘擄情人意更殷。多少英雄曾受絪，何曾慧劍解纏紛。」（《旗峰鐘韻擊鉢詩集》〈情絲〉七絕文韻，左眼右十）。

第五章　旗峰吟社其他詩人詩作與戰後發展

　　日治迄今，旗峰吟社成立已逾 80 年，歷任社長包括蕭乾源、黃永好、曾景釧、曾俊源等人，詩社能存在除仰賴社長經營外，社友的持續參與更是關鍵。本章將介紹旗峰吟社其他詩人詩作，並探訪戰後詩社發展的相關困境與願景，以尋找永續經營的現代化能力。

第一節　旗峰吟社其他詩人詩作

　　昭和 4 年（1929）蕭乾源成立「旗峰吟社」，民國 46 年（1957）改為「旗峰詩文研究會」，民國 47 年（1958）改為「旗峰詩社」，民國 83 年（1994）曾景釧、蕭振中等人再以「旗峰詩社」之名復社。本節所謂前期、後期詩人，是依據前社長曾景釧〈創社過程〉說法，[註1]以民國 83 年（1994）重新復社為界，限定前期詩人主要活躍年代為昭和 4 年（1929）至民國 82 年（1993），後期詩人主要為民國 83 年（1994）復社後，積極投入詩社者。目前個人詩集包括《資生吟草》（蕭乾源著）、《旗山早覺會詩集》（劉福雙著）、《隴西吟草》（李彬著）、《鍾見興詩集》（鍾見興著）、《溪山嘯詠集》（曾景釧著）、《旗峰鐘韻擊缽

〔註 1〕 本節所謂前期、後期詩人，乃依據網頁旗山奇之旗峰吟社〈創社過程〉說法，文中曾景釧以民國 83 年重新復社為界，將社友分為第一代與第二代成員，為避免「第一代」與「第二代」定義問題，筆者以「前期」、「後期」詩人為稱，將前期限定於活躍於昭和 4 年（1929）至民國 82 年（1993）間詩人，後期詩人則於民國 83 年（1994）後論起。

詩集》（蕭振中編輯）等。因詩人詩作眾多，本節將就筆者所蒐錄的書籍文獻及訪談資料，大略介紹詩社其他成員及其作品，不足之處有待日後補強。

一、前期詩人（1929～1993）

旗峰吟（詩）社歷任社長包括蕭乾源、黃永好、曾景釧等人，前期社員包括：蕭乾源、黃光軍、范國清、蔡有國、游讚芳、陳三木、吳昆政、劉進丁、葉貞觀、黃石輝、劉順安、阮文仁、王良珪、魏錦標、劉慶雲、陳月樵、簡義、黃來成、柳傳、張清景、李彬、林桂芳、劉福麟、李國琳、黃承系等人。由於史料不足，部分詩人之生活背景、文學創作記錄甚少，介紹稍有模糊，只能借重前人研究與田調資料補充之。茲以下列詩人為主，簡介詩人及詩作。

（一）黃石輝、黃承系

提到前期詩人，絕不可忽略 1930 年代提倡以台灣話文書寫台灣鄉土文學的黃石輝。黃石輝接受私塾教育，喜愛漢詩創作，是橫跨新舊文學的重要人物。1900 年到 1945 年間，黃石輝在高雄鳥松、屏東、高雄旗山經歷不同生活情境，可以從他擔任「新文協」幹部、參與「台灣勞動運動統一聯盟籌備委員會」、擔任《伍人報》地方委員，與投身左翼社會運動為無產大眾請命等事蹟，了解黃石輝懷抱社會主義思想，實踐理念的具體行動，也從他加入屏東礪社、高雄旗峰吟社、旗美聯吟會、創辦旗美吟社，以及參與其他詩社活動等記錄，了解黃石輝在舊文學活動中的活躍程度。

在台灣新文學運動中，黃石輝的本土化理念與主體性書寫，是台灣文學史上建構文學本土化、自主性的先聲，目前可見的新文學創作包括二十多篇文學評論文章、新詩、小說等，以扣合台灣鄉土文學的「寫實化、親切化、大眾化」與反帝、反殖民之理念進行文學書寫。在舊文學領域中，他突破擊缽課題及徵詩限制，以詩言志，淬煉漢詩創作，藉以延續漢文並抒發感懷。根據黃文車《黃石輝研究》整理，目前可見漢詩作品約莫二百首。在擊缽課題徵詩部分，詩作內容取材有古典與新式詩題，傳達思想多表現在：表達人道主義、鼓勵去弊揚善、批判世態醜惡等。閒詠詩作則多為古典題材，以寫景、感懷、詠物、應制酬唱等為主，表達出主觀書寫本土、自我人生感悟、勉勵友朋奮發等情懷，〔註2〕除了注重詩人的描寫功力和心境感悟外，也可見

〔註2〕參見黃文車：《黃石輝研究》，嘉義：國立中正大學中國文學研究所碩論，2001

詩人賡續漢文的熱忱。

　　昭和 7 年（1932）年黃石輝應朋友之託至旗山工作，期間受蕭乾源邀約至旗峰吟社講授作詩之法，昭和 10 年（1935）9 月正式定居並加入詩社，結交許多活躍於傳統詩壇的人物。整理黃石輝旗山時期的漢詩創作，包括《詩報》刊載的旗峰吟社擊缽詩作：〈觀棋〉二首（1935.9.2）、〈夜坐〉（1935.9.16）、〈種菊〉二首（1935.10.17）、〈春感〉（1936.2.15）、〈落花〉（1936.6.15）、〈秋聲〉（1936.10.15）、〈秋懷〉二首（1936.10.2），與高雄州下聯吟會詩作：〈旗峰曉翠〉（1936.2.15）、〈注射針〉（1937.4.1）、〈選舉戰〉二首（1937.7.6）、〈墨浪〉（1941.7.4）、〈仙草冰〉（1941.7.22）、〈木瓜〉（1941.9.22）等，以及應制酬唱之詩：〈入營贈詩〉（1936.1.17）〔註 3〕、〈敬和朱阿華先生七十五歲感懷瑤韻〉（1943.1.1）等，另有〈春雪〉、〈昭和十九年甲申簡義桂芳二詞友將之南方〉。除了參與詩社吟詩活動，黃石輝也曾擔任旗峰吟社及高雄州下聯吟大會詞宗，指導後進，在旗山拓展出另個時期的文學生命。

　　黃石輝移居旗山之因，包括經濟貧困的壓力、身體欠安，加上礦社時期因左翼身分，長期受到日警騷擾，因緣際會下舉家遷至旗山定居，盼能靜心修養，如〈種菊〉所言：

　　　　苗選柴桑種，高風慕昔閒。編籬修老圃，培土近南仟。

　　　　佈置迎秋色，安排待晚煙。黃金璀璨日，攜酒共流連。

　　　　　　　　　　　（1935 年，《詩報》第 115 號〈種菊〉二首之一）

文中黃石輝追慕陶潛，談種菊過程與個人心情，最後以懸想加入未來情境，此種與世無爭之田園樂事，與「採菊東籬下，悠然見南山」的情景遙相呼應，可見詩人盼望閒雅恬淡之心志。另外在〈秋懷〉詩中，

　　　　有興詩追子美難，怕聞時事且偷安。可憐肅殺西風裡，濺血南歐不

　　　　忍看。（1936 年，《詩報》第 138 號〈秋懷〉二首之一）

第一次世界大戰結束後，國際情勢動盪不安，西方因經濟大恐慌，使得英美等國在外交上採取姑息政策，加上極端勢力的發展與擴張，導致第二次世界大戰。昭和 11 年（1936 年），正是二次大戰亞洲戰火（中日戰爭）引爆前夕，

　　　　年 6 月頁 234。

〔註 3〕《台南新報》（12216-8，昭和 11 年 1 月 7 日）刊載：本詩爲旗峰吟社同仁黃石輝、魏錦標兩氏，爲商工銀行勤務並川隆次君祝賀入營，各賦一詩贈成並川家。

當時詩人有以詩記史之志，雖感嘆難有詩聖之筆，但因不忍殘酷戰事，因此藉秋遣懷，表現內心的人道主義與悲憫胸懷。

黃石輝加入旗峰吟社後，與蕭乾源、劉順安、簡義等人彼此吟詠酬唱，也參加旗美兩地合辦的旗美聯吟會、高雄州聯吟會，籌辦旗美吟社等。移居旗山後，文學生活多半圍繞在漢詩創作和詩社活動範圍中，遺憾久病不癒，又因戰事緊迫醫藥資源匱乏，未能對症下藥，導致病情每況愈下，〔註4〕於昭和20年（1945）病逝旗山，得年45歲（1900～1945）。

黃石輝育有二兒（承系、鐵魂），二女（冰芸、品惠）。大正13年（1924）長子黃承系出生屏東，據黃承系回憶：黃石輝決定舉家遷至高雄旗山定居之際正好是他十二歲的那年夏天（1935）。〔註5〕黃石輝常與蕭乾源等詩友吟詩詠唱，或許因環境及家學影響，長大後黃承系也成為詩社成員，《旗峰鐘韻擊鉢詩集》中不論是詩鐘或擊鉢課題，常見黃承系競詩之作，詩作包括：〈新荷〉、〈鶯梭〉、〈燕語〉、〈桂影〉、〈詩聲〉、〈餞春雨〉、〈菊影〉、〈五日白鶴寺雅集〉、〈五日感懷〉、〈天河會〉、〈烈士魂〉、〈掘寶〉、〈祝彰化銀行旗山分行五二年度業績考核第一名〉、〈延平詩社十周年〉、〈甲辰詩人節有感〉、〈冬夜書懷〉、〈羅門秋色〉、〈旗影〉等。在〈冬夜書懷〉中詩人寫到：

> 月冷風寒霜滿天，殘燈孤影獨難眠。望穿秋水鄉音渺，報莫春暉客夢縈。淡薄人情時勢易，滄桑世事物華遷。願教四海昇平日，戲彩高堂力務田。（《旗峰鐘韻擊鉢詩集》〈冬夜書懷〉，頁102）

黃承系回憶：父親溫文有禮，對待自己的妻子甚為溫和，對待子女的態度亦無差別。只是小時候父親只要不在家的時候，一家大小便有受凍挨餓之虞，所幸他住在屏東六塊厝的母舅吳伯元會接他們到吳家住，供應日常所需，一家的生活始能維繫。〔註6〕從小母親為一家人奔波勞苦，黃承系銘記於心，及至弱冠喪父，更感受到世事滄桑人情淡薄，因而盼望社會安定，己身安居勤奮，才能奉養高堂安享天年，全詩情感樸質，真誠流露。

〔註4〕黃石輝身體的病一拖再拖，據黃承系先生所言，其實黃石輝身體不適的地方是胃，但每次就醫生總是誤診為肺病，病情也就無法好轉，所以黃石輝決定自己買藥來吃，但當時進入戰事總動員時期，醫藥根本無法運送來台，因此黃石輝只好買正露丸來服用，然而藥不對症，病情自然也就每況愈下。黃文車：《黃石輝研究》，頁16～17。

〔註5〕黃文車：《黃石輝研究》，頁13、15、51。

〔註6〕黃文車：《黃石輝研究》，頁14。

民國 49 年（1960）高屏三縣市庚子春季聯吟大會由旗峰吟社主辦，首唱〈春日遊鼓山公園〉次唱〈旗影〉，黃承系題詩：

> 飄飄一幟拂青空，龍虎飛馳氣概雄。大地於今看寫照，家家旖旎捲
> 東風。（《旗峰鐘韻擊鉢詩集》〈旗影〉，頁 135）

本詩由蔡連中、蔡元亨擔任左右詞宗，黃承系獲右九，現場與眾多詩壇前輩一起同場較勁，絲毫不遜色，有子承志，相信黃石輝也感欣慰。

（二）劉順安、劉福麟

劉順安筆名秋心，日治時期於旗山郡旗山街旗山三八三開設「安全自轉車店」[註7]。昭和 10 年（1935）與黃石輝、王良珪、魏錦標等人加入詩社，壯大旗峰吟社陣容，重振地方吟詠風氣，昭和 16 年（1941）曾參與旗美吟社廣善堂首鉢，與蕭乾源、簡義、黃石輝四人並稱為「四大金剛」。光復初期，因生活困迫，社友星散，民國 39 年（1950）劉順安亟圖挽回社運，鼓吹中興，積極培植後起之秀。民國 41 年（1952）辛卯詩人節，劉順安、蕭乾源、劉慶雲三人，參加全國詩人大會重振旗鼓，吟侶來歸者二十有餘，鉢韻鐘聲，一時驟起。民國 47 年（1958）高雄縣政府核准，重開成立典禮，劉順安擔任常務理事，當時社員共達 32 人。[註8] 劉順安重視後輩詩學教育，包括其子劉福雙與姪子劉福麟，都曾受教詩人。《旗峰鐘韻擊鉢詩集》中收錄詩作有：〈新荷〉、〈蕉風〉、〈秋思〉、〈噤蟬〉、〈情絲〉、〈木鐸〉、〈師恩〉、〈文運〉、〈鶯梭〉、〈燕語〉、〈桂影〉、〈詩聲〉、〈餞春雨〉、〈菊影〉、〈中元節有感〉、〈五日白鶴寺雅集〉、〈五日感懷〉、〈天河會〉、〈春餅皮〉、〈烈士魂〉、〈初夏即事〉、〈祝彰化銀行旗山分行五二年度業績考核第一名〉、〈年關〉、〈野渡無人舟自橫〉、〈徵婚〉、〈延平詩社十周年〉、〈甲辰詩人節有感〉、〈冬夜書懷〉、〈羅門秋色〉、〈孔誕雅集〉、〈國慶日雅集〉、〈蝴蝶蘭〉、〈旗影〉等，另有〈昭和十七年壬午七十五歲感懷 謹賀原玉〉、〈昭和十九年甲申簡義桂芳二詞友將之南方〉。在〈文運〉詩中提到：

> 撒尿千秋傳漢暴，坑儒萬古說秦凶。老天未必斯文喪，履險如夷國
> 步雍。

> 也向燈前卜吉凶，斯文未喪且從容。中原偏又遭焚劫，百代猶今罵

[註7] 昭和 9 年（1934）《臺灣實業名鑑》實業家（旗山大字）——劉順安，資料來源：日治時期期刊全文影像系統。

[註8] 蕭振中編輯：《旗峰鐘韻擊鉢詩集》（高雄縣：乾元藥行，2000 年 12 月），無頁碼。

祖龍。(《旗峰鐘韻擊缽詩集》〈文運〉二首，頁49～50)
劉順安藉劉邦摘下來訪者儒冠「溲溺其中」的賤儒劣行，與秦始皇（祖龍）焚書坑儒，滅百家之學的愚民手段，闡述中國自古雖有摧殘儒生和文化之舉，幸而斯文未喪，文運再起，呼應詩人中興詩社之志。兩首詩用典呼應題旨，擴展詩句意境，分別獲得左元右眼、右元左八佳績。

劉福麟，字筱樓，昭和9年（1934）出生於高雄旗山，和劉福雙是堂兄弟，旗山中學畢業後，向叔父劉順安學詩，而後加入旗峰詩社，22歲時已開始四處比詩，作詩功力逐日增進，經常在擊缽比詩場獲致佳績，是蕭乾源時代最年輕最有潛力的新秀。在旗峰吟社的擊缽詩會中，不僅常見叔侄兩人同場競詩，劉福麟亦曾多次擔任詞宗，詩作能力備受眾人肯定。民國47年（1958）重開詩社成立大會，劉福麟擔任監事，協助社務發展。

劉福麟因從商徙居鳳山、高雄，曾接任鳳崗詩社社長，並被聘為林園國學研究會之詩學指導教師，擔任過中華民國傳統詩學會監事、壽峰詩社副社長，現任高雄市詩人協會（原高雄市詩人聯誼會）理事長，持續舉辦課題徵詩〔註9〕，對寫詩的熱情歷久不衰，作詩不輟，獲獎無數，時常抽空在林園、鳳崗、壽峰詩社指導年輕人寫詩，積極推廣詩學，著有《筱樓吟草》。

劉福麟與蕭乾源曾同台擊缽吟唱競技，民國88年（1999）獲得第二屆蕭乾源文化獎（第一年因提報過晚，而成遺珠），主張傳統詩宜有古典型式、創新酬唱、開闊境界等主張，其詩作不喜用典，不喜僻字，每首詩皆可解，詩風接近元白體，〔註10〕如詩作〈春日遊鼓山公園〉：

勝地靈山古又今，偷閒此日一登臨。晴嵐萬里舒清景，盛會同賡愜素心。
嘯傲長天青嶂闊，流連峻嶺綠林深。催人何處疏鐘響，一杵悠悠感不禁。(《旗峰鐘韻擊缽詩集》〈春日遊鼓山公園〉，頁132)

春天的鼓山公園青山如黛，林木蔥鬱，生機蓬勃，令人心曠神怡。遠處疏鐘聲響，牽引詩人悠思心境，更顯意境深遠。又如詩作〈冬日遊澄清湖〉：

〔註9〕高雄市詩人協會目前仍由理事長劉福麟負責，協會並未聚會吟唱，而是以明信片方式通知會員月份課題，說明中列出詩題、韻體、鐘題，並交代交卷日期、交卷地點（高雄市苓雅區英明路260巷22弄5-1號），持續舉辦徵詩活動。

〔註10〕江明樹：〈得月樓頭冷月懸　劉福麟的古典詩〉，《旗山奇》，網址：http://www.chi-san-chi.com.tw/2culture/db/f_lin/index.html，檢索日期：2015年4月19日。

> 貝清冬來景亦妍，中興塔聳望昂然。近花架上寒花簇。得月樓頭冷
> 月懸。
>
> 霜著隴梅疑嫩蕊，風搖峰柳散輕煙。湖山自十留佳氣。題句感誰許
> 估先。〔註11〕

澄清湖位於高雄市鳥松區，原名大埤湖或大貝湖，裡面有九曲橋、中興塔等美景，有西湖之譽。詩人冬日遊貝湖見冷月高懸，煙籠湖水寒花繁簇，除見湖山水色之美，也呈現出淡淡的蕭索氣息，層次豐富，詩趣盎然而生。

民國 84 年（1995）為慶祝旗峰詩社 67 週年暨延續成立大會，假旗山一江山飯店二樓宴請高屏詩人齊聚，當時任鳳崗詩社長的劉福麟參與盛會，並頌詩祝賀：

> 突起騷壇一幟新，相延藜彩賴斯人。行看社務從頭整，再創旗峰第
> 二春。〔註12〕

劉福麟因遷居高雄定居，無法親身指導旗山人，待蕭乾源、簡義等老詩人相繼仙逝，旗山傳統詩人的香火可能就此斷絕，幸有曾景釗、劉福雙等人積極復社，齊聚詩人吟詩切磋，再現旗山鼎盛文風。

民國 87 年（1998）初夏客居鳳崗的劉福麟為曾景釗《溪山嘯詠集》作序，序中提到：「曾君毅然起而疾呼，邀約先輩詩人之第二、三代作復社之議，余忝為同社之一員，雖客居異地，亦萬分贊同也。更有『嘆先輩之凋零，詩聲暫息；喜後生之崛起，鉢韻重揚。』之感」〔註13〕。同年再以〈提振傳統詩學精神〉榮獲中華民國傳統詩學第一次徵詩元榜，當次天詞宗為陳兆康，地詞宗為施文炳，人詞宗為蔡元直，詩中寫到：

> 二十年來進展中，吟情藻思互交融。詩承正則千秋氣，志邁昌黎八
> 代雄。
>
> 型式縱然循古典，唱酬更和創新風。宏開境界精神振，冀望騷壇響
> 應同。〔註14〕

〔註11〕 江明樹：〈得月樓頭冷月懸　劉福麟的古典詩〉，《旗山奇》，網址：
　　　　 http://www.chi-san-chi.com.tw/2culture/db/f_lin/index.html，檢索日期：2015 年
　　　　 4 月 19 日。
〔註12〕 江明樹：〈旗峰詩社復社〉，《旗山奇》，網址：http://www.chi-san-chi.com.tw/
　　　　 2culture/index.htm，檢索日期：2015 年 4 月 23 日。
〔註13〕 曾景釗：《溪山嘯詠集》（高雄縣：文德印刷廠，1998 年 6 月），頁 1。
〔註14〕 邱春美：《六堆客家古典文學研究》，台北：輔仁大學中國文學研究所博論，
　　　　 2005 年 1 月，頁 30。

詩人以「文起八代之衰，道濟天下之溺」之雄志，強調作詩應法韓愈之風，主張文以載道外，也要情思交融才能不落俗套。雖然格律循古，但在繼承基礎上創造革新，才能提振傳統詩學精神，吸引文藝愛好者一同品詩作詩。

（三）其他

前期社員如游讚芳、阮文仁、李彬、簡義、黃來成、柳傳、顏是、張清景、林桂芳等人，由於史料不足，詩人生活背景記錄甚少，故介紹詩作或簡單記錄之。

旗峰吟社創於昭和4年（1929），草創之初社員僅六人，游讚芳即為之一，後也曾加入旗美吟社。民國47年（1958）高雄縣政府核准詩社重開成立典禮，游讚芳擔任理事一職，一路走來，創作不輟。《旗峰鐘韻擊鉢詩集》中收錄的詩作有：〈噪蟬〉、〈桂影〉、〈甲辰詩人節有感〉、〈春日遊鼓山公園〉等。

阮文仁筆名夢辰、僑客，為阮寶治之子，蕭乾源的好友、小舅子，也是旗山中華會館成員，具有抗日復國思想。阮文仁年輕時負笈中國，曾與蕭乾源寫詩互贈，兩人交情可見一斑。《旗峰鐘韻擊鉢詩集》中收錄的詩作有：〈新荷〉、〈蕉風〉、〈秋思〉、〈噪蟬〉、〈情絲〉、〈木鐸〉、〈師恩〉、〈文運〉、〈鶯梭〉、〈燕語〉、〈桂影〉、〈詩聲〉、〈餞春雨〉、〈菊影〉、〈中元節有感〉、〈五日感懷〉、〈天河會〉、〈春餅皮〉、〈烈士魂〉、〈掘寶〉、〈初夏即事〉、〈祝彰化銀行旗山分行五二年度業績考核第一名〉、〈年關〉、〈野渡無人舟自橫〉、〈延平詩社十周年〉、〈甲辰詩人節有感〉、〈冬夜書懷〉、〈羅門秋色〉、〈孔誕雅集〉、〈國慶日雅集〉、〈羅門探春〉、〈蝴蝶蘭〉等，另有〈寄申江任君窓友〉（1935.9.1）、〈鼓山秋望〉（1936.2.2）。

昭和16年（1941）朱阿華與黃石輝發起成立旗美吟社，簡義是最初於廣善堂與美濃詩人見面聯吟的旗峰詩人之一〔註15〕，是旗峰吟社四大金剛之一。昭和19年（1944）簡義欲前往南方從戎報國，當時朱阿華、蕭乾源、林桂芳（林逢琴）、心影（黃石輝）、秋心（劉順安）等人都曾寫詩相贈，預祝簡義凱旋歸來。民國47年（1958）詩社重開成立典禮，簡義擔任常務理事，

〔註15〕 朱鼎豫：最初之見面者，美濃：林富琦先生、童一生先生、宋永成先生，旗山：黃石輝先生、劉順安先生、簡義先生、蕭乾源先生，龍肚：朱阿華先生、李春生先生、謝炳祥先生、劉慶雲先生以上，連同散人共十二人。張琴龍著作兼總編輯：《旗美詩苑》（高雄縣：美泰印刷所，1985年1月），頁22。

可見詩人鍾情漢詩，一生創作不輟。《旗峰鐘韻擊鉢詩集》中收錄的詩作有：
〈新荷〉、〈秋思〉、〈噤蟬〉、〈木鐸〉、〈師恩〉、〈文運〉、〈鶯梭〉、〈燕語〉、〈桂
影〉、〈詩聲〉、〈餞春雨〉、〈菊影〉、〈中元節有感〉、〈五日白鶴寺雅集〉、〈五
日感懷〉、〈天河會〉、〈春餅皮〉、〈烈士魂〉、〈初夏即事〉、〈祝彰化銀行旗山
分行五二年度業績考核第一名〉、〈徵婚〉、〈延平詩社十周年〉、〈甲辰詩人節
有感〉、〈冬夜書懷〉、〈羅門秋色〉、〈孔誕雅集〉、〈國慶日雅集〉、〈羅門探春〉、
〈蝴蝶蘭〉、〈春日遊鼓山公園〉、〈旗影〉等，另有〈昭和十七年壬午七十五
歲感懷 謹和原玉〉、〈昭和十九年甲申簡義桂芳二詞友將之南方〉等等。李彬
為旗峰吟社與旗美吟社社友，曾以李姓堂號「隴西」為名，出版個人詩集《隴
西吟草》。民國 47 年（1958）重開詩社成立大會時，李彬擔任監事主席。《旗
峰鐘韻擊鉢詩集》中收錄的詩作有：〈蕉風〉、〈情絲〉、〈木鐸〉、〈桂影〉、〈詩
聲〉、〈餞春雨〉、〈菊影〉、〈春餅皮〉、〈烈士魂〉、〈掘寶〉、〈初夏即事〉、〈野
渡無人舟自橫〉、〈羅門探春〉、〈蝴蝶蘭〉、〈春日遊鼓山公園〉等，另有〈龍
崗觀雲〉。

　　在《旗峰鐘韻擊鉢詩集》、《旗美詩苑》中，尚可見黃來成、柳傳、顏是、
張清景，以及林桂芳詩作，其他零星出現在各類詩選中，或散見詩友間存留
的手稿作品，例如民國 47 年（1958），高雄縣文獻會新定「高雄八景」並向
海內外徵詩，所徵之詩送請各名家評選後，刊載在民國 49 年（1960）高雄縣
文獻會出版，陳子坡主編的《高雄縣志稿藝文志》，旗峰詩社許多社員榜上有
名，包括：劉順安〈貝湖春曉〉、柳傳〈龍崗觀雲〉、黃來成〈內門列嶂〉、游
讚芳〈內門列嶂〉、張清景〈內門列嶂〉、簡義〈汕尾歸丹〉、林逢琴〈翠屏夕
照〉、李彬〈內門列嶂〉與〈龍崗觀雲〉等〔註16〕。日治以來旗峰吟社幾度興
衰，許多社員始終與詩社同在，創作不輟，可惜詩人作品多半未能付梓，只
能零星出現在各類詩集之中，因蒐羅不易，無法讓人廣泛閱讀研究，殊為遺
憾，這也是古典詩人更趨沒落的重要原因之一。

二、後期詩人（1994～2015）

　　戰後台灣傳統詩社人際網絡的構築，多以日治遺老為基本成員，由每位
舊社員為基幹向外擴展，依舊社員血親、姻親、師生、朋友及同事等關係，
再邀集親朋好友入社，召納新社員，形成以倫理關係為核心結構的樹枝狀發

〔註16〕參見黃福鎮：《戰後高雄地區傳統詩研究》，頁 214～223。

展系統，是一種擬宗族性的結構組織。〔註17〕根據表 5-1，旗峰吟（詩）社後期社員包括：曾景釗、劉福雙、曾茂源、黃澤祥、蕭振中、徐麗山、陳育芬、林佑民、陳樂嘉、蘇榕、曾景崧、張丁興、王安正、曾俊源等人。

表 5-1　後期詩社成員資料表〔註18〕

後期成員	經　歷
曾景釗	社長，民國 47 年生，師事陳萍如教授學習國學、詩詞，十多年詩齡。
劉福雙	副社長，民國 24 年生，詩人劉順安公子、幼承文教、詩意樸實有力。
曾茂源	總幹事，民國 22 年生，名書法家、政評家、詩作喜評時事。
黃澤祥	副總幹事，民國 45 年生，名詩人黃石輝之孫，詩意深遠幽迫。
蕭振中	幹事，民國 45 年生，前蕭社長之長孫，詩作恢宏有乃祖之風。
蘇榕	幹事，民國 47 年生，中醫師，詩作有鬼才詩人李賀之風。
陳育芬	幹事，民國 54 年生，高雄醫學院碩士擅寫景人物之詩作。
王安正	幹事，民國 48 年生，對道教信仰虔誠喜作道家詩作。
徐麗山	幹事，民國 25 年生，書法家，擅對社會百態為題材而作詩。
張丁興	民國 47 年生，擅主持燈謎晚會，喜作風景詩作。
曾景崧	民國 51 年生，藥師，曾社長之弟，喜作批判時弊之作品。
曾俊源	民國 81 年生，曾景釗之子，任旗峰詩社幹事、中華民國整復總會高雄分會長，愛好詩文，曾獲國內書法及詩作大獎。

旗峰詩社後期詩人中，包括蕭振中、劉福雙、黃澤祥等人的祖父、父親等，都是詩社開創之初的重要成員，另有曾景釗、曾俊源父子檔加入詩社，足見家學影響甚大。茲簡介詩人生平與作品。

　　曾景釗，字柏儒，號嘯詠溪山主人，民國 47 年（1958）6 月 18 日生於高雄縣旗山鎮洪厝巷，與夫人陳育弟藥師共同管理賽珠健保藥局。曾景釗志於詩學，為蕉城旗山後起之秀，師事陳萍如教授，愛好古典詩詞、現代詩、書法、燈謎、楹聯、佛學道典等。營商之於熱衷吟詠，尚有臨池志趣，曾任蕉心文藝社社員、高雄縣燈謎學會會員、中華民國傳統詩學會副理事長、旗峰詩社社長，著有《溪山嘯詠集》。

　　曾景釗原為林園詩社社員，回到旗山後不忍傳承已久的詩社歷史湮滅，

〔註17〕參見黃福鎮：《戰後高雄地區傳統詩研究》，頁 59。

〔註18〕表格資料整理自曾景釗：〈創社過程〉，《旗山奇》，網址：http://www.chi-san-chi.com.tw/2culture/index.htm，檢索日期：2015 年 4 月 12 日。

自民國 83 年（1994）起便積極籌備復社，84 年（1995）爲慶祝旗峰詩社 67
週年暨延續成立大會，於旗山一江山飯店宴請高屏詩人聚會吟唱，復社後社
址設於自宅（賽珠健保藥局），開始教導社友詩體格律並四處參加擊鉢競賽，
曾景剳說到：

> 民國 83 年復社後每個禮拜我都會在這邊教他們從最簡單的韻跟
> 律，也就是絕律一些的平仄，算是公式，那些就簡單教起，然後就
> 跟那個我們前輩詩人一樣，你就帶他們去參加三縣市擊鉢聯吟也
> 好，全國也好，或者是北部啊、北部三縣市、中部幾縣市啊，都帶
> 他們去參加，然後我會幫他們看一下，做現場指導，所以現在已經
> 沒有在我這邊那個每一周的研習。〔註19〕

復社第一年每週詩友會到曾景剳家研習詩學，民國 84 年（1993）詩社舉辦高
屏三縣市的詩人聯吟，社員開始參加擊鉢聯吟比賽，曾景剳便會現場指導。
民國 85 年（1996）3 月 10 日於旗山鎮主辦丙子年高屏三縣市詩人大會，會場
懸掛「詩吟大漢文風湧，墨染三山筆勢雄」兩行墨寶，會中曾景剳感賦：「鷗
鷺友多方邀請如前盛況不能比，孔方兄四處張羅欲振騷風何等難」〔註20〕，
詩人出錢出力，廣發英雄帖，無奈習詩風氣日漸淡薄，常有力不從心之憾。
儘管如此，曾景剳仍用心經營旗山詩藝，積極保存詩社成員詩集文獻，延續
在地文化。

　　曾景剳復社後，積極號召詩友發揚國學以端正社會風氣，不僅爲旗山鎮
風景區命名旗山八景〔註21〕，同時也在旗山地區大小廟宇撰寫對聯及解釋籤
義。爲了重振文風，早期經常在鎮內舉辦地區性、全國性之詩人大會，並期
勉詩社能朝三階段發展，包括招收社員研習詩學、主導並發揚旗山文藝、催
生文化總館，希望爭取在鼓山國小舊地或武德殿成立文化總館，讓藝文界人
士作品有參展的場所，各文化社團有屬於自己的辦公室，使旗山社團能更加

〔註19〕　口述資料爲筆者於 2015 年 5 月 10 日，至旗山賽珠健保藥局專訪曾景剳先生
　　　　所得。
〔註20〕　曾景剳：「詩吟大漢文風蔚，墨染三山筆勢雄」，但根據詩集前所收錄的照片
　　　　內容爲「吟大漢文風湧」，筆者採照片文字。上述兩首題辭見曾景剳：《溪山
　　　　嘯詠集》，頁 128。
〔註21〕　曾景剳曾爲旗山風景區命名，寫下「旗山十二勝」詩作：〈旗峰景觀〉、〈鼓嶺
　　　　春遊〉、〈護岸觀星〉、〈白鶴寺鐘〉、〈三桃秋韻〉、〈老街懷古〉、〈長強燈海〉、
　　　　〈花旗山莊〉、〈仙溪渡筏〉、〈中寮雲海〉、〈馬頭夕照〉、〈洪厝懷古〉等。曾
　　　　景剳：《溪山嘯詠集》，頁 5～8。

發揚光大。〔註 22〕近期則是希望能申請經費，尋找合適地點，成立一個「台灣古典詩學博物館」，把台灣三百多年來詩作，收藏到台灣古典詩學博物館裡，再以聲光碟影、虛擬實境方式來呈現，讓對古典詩文有興趣的學生、成人、研究生，或是社會民眾，都可透過虛擬實境進入某首詩的意境之中，不僅可能成爲寓教於樂的觀光景點，也可以透過多媒體影音互動模式，增強現代人對賞析及寫作古典詩的興趣與能力。

　　曾景釧著有詩集《溪山嘯詠集》，由劉福麟題序，蔡策勳題跋，內容多爲遊山玩水即興之作，或時弊之筆伐，見其詩如見其人，眞情流露，少有雕琢，間有擊鉢及唱酬之詩，亦另有其深遠意境，不落俗套，足見其功力，眞乃性情中人。〔註 23〕全書收錄三百多首漢詩，以及古文、楹聯、燈謎、題匾等，另有〈旗山元宵燈會誌慶〉、〈蕭家樓古蹟夷平感賦〉、〈春探梅嶺〉、〈步月〉、〈溪邊獨行〉、〈緬懷孫立人將軍〉等。民國 94 年（2005）2 月 1 日蕭厝被夷爲平地，曾景釧賦詩感傷：

> 繁華百載傲乾坤，跌宕風流記墨痕。觸目荒湮傷舊事，憑樓咽詠緬騷魂。鏗鏘鉢韻雖已矣，迴蕩吟聲幸尚存。白鷺長埋揮歲月，廢墟猶自悵黃昏。〔註 24〕

蕭厝肇建於百年前，亦爲詩社舊址，曾景釧感念蕭乾源對旗山詩壇的貢獻，不捨百年故居夷爲平地，只能觸景憑弔先人功業，慨嘆歷史蒼涼，雖臨廢墟惆悵，卻也以「迴蕩吟聲幸尚存」表明後生晚輩延續先人遺志，致力地方詩風的傳承。

　　在〈戊寅屏東修禊〉詩中：

> 猴城觴詠暮春時，鷗鷺聯翩逸興馳。勝日香醪傾北海，詩人勝會繼南皮。濡毫重寫蘭亭卷，拔禊同吟櫟社詩。懷古敘今無限感，浴沂韻事許追思。〔註 25〕

本詩爲掄元之作，詩中藉詩人勝會觴飲而懷古敘今，感嘆詩文遭漠視，他日追思韻事只能賴舊詩殘篇，猶如〈台灣詩社〉所言：「翰墨滄桑四百年，國中

〔註 22〕詳見曾景釧：〈創社過程〉，《旗山奇》，網址：http://www.chi-san-chi.com.tw/2culture/index.htm，檢索日期：2015 年 4 月 12 日。

〔註 23〕曾景釧：《溪山嘯詠集》，頁 2。

〔註 24〕曾景釧：〈蕭家樓古蹟夷平感賦〉，《旗山奇》，網址：http://www.chi-san-chi.com.tw/2culture/index.htm，檢索時間：2015 年 4 月 18 日。

〔註 25〕曾景釧：《溪山嘯詠集》，無頁碼。

教本漏斯篇。台灣通史詳登錄，當局輕忽實枉然。」〔註 26〕言詞剀切，筆伐時弊，更見詩人對漢學詩文的熱愛與關切。

照片 5-1　曾景釗近照
照片來源：2015 年 5 月 10 日筆者於賽珠健保藥局二樓拍攝。

　　曾俊源，生於民國 81 年（1992）10 月 17 日生，繼承父親曾景釗衣鉢，亦愛好詩文，曾擔任高雄市旗峰詩社幹事、中華民國整復總會高雄分會長。民國 103 年（2014）底接任旗峰詩社新社長，常與父親參加投稿徵詩活動，出席各地全國詩人聯吟大會，鍾情古典詩創作。曾俊源曾獲國內多項詩學及書法競賽大獎，包括 2010 年中華民國書法教育學會第三十屆全國書法比賽甲等獎、2010 年國立歷史博物館全國書法比賽創意組入選獎，以及 2011 年鹿港文開書院全國詩人大會首唱詩作全國第六名等。2010 年 6 月 13 日西港慶安詩社舉辦庚寅年全國詩人大會「首唱薪火相承」，曾俊源榮獲全國狀元（左元），詩作〈薪火相承〉寫到：

> 先賢設帳致叮嚀，翰墨千秋引典型。吳翁挹雅仁無敵，徐氏扶輪德有馨。詩風廣佈彰漢學，筆氣雄奇聚文星。一脈薪傳桃李茂，元音磅礴遍鯤瀛。〔註 27〕

曾俊源年僅 23 歲，在書法與漢詩方面，表現出色，其傳統詩學根柢與家學息息相關，這也證明若能自小扎根漢學基礎，就算在新文學主流下，也能發展

〔註 26〕曾景釗：《溪山嘯詠集》，頁 56。
〔註 27〕〈旗山名人堂——曾俊源〉，《旗山奇》，網址：http://www.chi-san-chi.com.tw/2culture/index.htm，檢索時間：2015 年 4 月 18 日。

古典詩詞的新接受美學，培育新世代主動欣賞傳統文學，以實踐薪火相承的美好願景。

照片 5-2　　（前）曾俊源獲全國詩人聯吟大會狀元金牌獎狀
　　　　　　　（後）曾景釗與曾俊源父子於賽珠健保藥局合照

照片來源：（前）曾景釗提供、（後）2015 年 5 月 10 日筆者於賽珠健保藥局拍攝

　　副社長劉福雙爲劉順安之子，幼承文教，詩意樸實眞誠，詩作包括：〈旗峰話舊〉、〈香蕉節藝文活動〉、〈早覺會冬日即事〉、〈含羞草〉、〈旗山國小畢業生〉、〈景義國小〉、〈香蕉王國采風〉、〈早覺會精神〉等，著有《旗山早覺會詩集》。早期社會許多愛好晨間活動的居民，組成民間社會運動團體，因多利用清晨活動，因而命名爲早覺會。後來全國各地舉凡晨間運動之組織或團體均取名早覺會，不僅運動，包括太極拳、武術、劍術、氣功、拳術、羽毛球、讀書會、誦經、拜佛、求學問等，均屬可能的交流運動。劉福雙在〈早覺會精神〉中提到：

> 不畏寒風路阻難，踏青之日每年冠。旗峰秀麗揚今古，鼓嶺清幽共喜歡。早覺同仁如手足，晨遊思敍好傍觀。相逢一笑心常樂，山谷呼聲百事寬。〔註28〕

旗山的早覺會成員情同手足，經常一起晨遊運動，詩人曾以早覺會爲名出版《旗山早覺會詩集》，可見對團體的認同與投入。詩中描述會友們登高踏青，以無畏寒風與寬心常樂的精神，遊賞旗峰鼓嶺，滌淨俗慮，閒適心境令人嚮往。此外，民國 85 年（1996）旗峰詩社舉辦高屏三縣市丙子春季聯吟大會，會中劉福雙題詩：

> 綠翠青山一望開，蕉園沃野喜徘徊。旗峰突兀風光麗，鼓嶺清新氣

〔註28〕〈旗山名人堂──劉福雙〉，《旗山奇》，網址：http://www.chi-san-chi.com.tw/2culture/index.htm，檢索時間：2015 年 4 月 18 日。

象恢。輸出頻年財自足，銷售逐日利稱魁。鄰翁細數前朝事，鎮史揚輝著福台。

（《旗峰鐘韻擊缽詩集》〈旗峰話舊〉，頁 142）

本次聯吟大會以「旗峰話舊」爲題，劉福雙由景入情，先點出旗山受青山環繞，蕉園沃腴，氣象清新，再話鋒一轉，以地方經濟與傳統文化，突顯自古以來，旗山是個充滿人文涵養的純樸地區。聯吟大會當日的左詞宗爲陳輝玉先生，右詞宗李玉水先生，部分獲選作品名次差異頗大，例如「左元右十一」（黃平山）、「右眼左卅一」（劉福麟）、「右四左廿三」（龔天梓）、「右六左卅五」（蔡策勳）、「右廿二左卅九」（劉福雙）、「右花」（林欽貴）等，除了得知當天與會詩人眾多之外，也見詞宗評詩風格不一，優劣之分實無準則可依循。

副總幹事黃澤祥爲黃石輝之孫，自幼習詩，詩意幽遠意韻。曾景釗曾賦贈聯句予黃澤祥：「澤雅宏詩教，祥文扢墨風」、「澤雅宏詩揚祖德，祥光顯道著文風」〔註 29〕詩中以名爲首，如詩鐘之「鳳頂格」〔註 30〕，讚頌黃澤祥宏揚祖德，興詩教之風。目前黃澤祥詩作見於《旗峰鐘韻擊缽詩集》以及「旗山奇」網站，包括：〈提升經濟〉、〈祝賀李總統登輝就職〉、〈仙溪蘊澤〉、〈冬陽〉、〈鼓山晨曦〉、〈幽居〉、〈西北雨〉、〈慈母暉〉、〈文化傳承〉、〈香蕉節藝文活動〉等。在〈仙溪蘊澤〉詩中：

> 仙溪水沛漾銀花，激起文流藻瀚霞。蘊育蕉城姿錦繡，駟揚大雅顯華範。〔註31〕

仙溪即楠梓仙溪，縱貫旗山，除帶來豐富農產，也蘊育出蕉城錦繡文風，詩人移情於景，詩詠家鄉山水明媚，地靈人傑。

蕭振中爲蕭乾源長孫，蕭榮宗長子，曾任旗峰詩社幹事及副社長，蕭乾源晚年常由蕭振中接送至旗美各地參加吟會，現於東新街上開設乾元藥房。民國 89 年（2000）蕭振中擔任詩社副社長，全力投入整理社內遺稿，匯集成冊，出版《資生吟草》（蕭乾源著）及《旗峰鐘韻擊缽詩集》。民國 50 年（1961）台南延平詩社舉辦「慶祝鄭成功開臺三百年紀念徵詩」，詩題〈鄭成功開臺三

〔註29〕〈賦贈黃澤祥社友聯句〉二首，見曾景釗：《溪山嘯詠集》，頁 138。

〔註30〕鳳頂格：兩字分嵌於兩句之第一字者，曰鳳頂格，又名鶴頂，冠首，一唱是也。蕭振中編輯：《旗峰鐘韻擊缽詩集》，頁 2。

〔註31〕〈旗山名人堂——黃澤祥〉，《旗山奇》，網址：http://www.chi-san-chi.com.tw/2culture/index.htm，檢索時間：2015 年 4 月 18 日。

百年紀念〉，左詞宗周定山，右詞宗顏興，當年 6 月 30 日出版的《臺灣風物》中，蕭家祖父孫三代作品同時刊出〔註 32〕，都能感受到蕭家對詩學的傳承與堅持。

　　蕭振中詩作恢弘意深，作品多見於《旗峰鐘韻擊鉢詩集》以及「旗山奇」網站，包括：〈香蕉節藝文活動〉、〈秋日南清宮謁聖〉、〈民主政治〉、〈秋日澄清湖攬勝〉、〈馬關條約一○○年〉、〈公共安全〉、〈蚊〉、〈旗峰話舊〉等。詩作〈香蕉節藝文活動〉寫到：

> 蕉城韻事足堪誇，墨客騷人萃藻華。挖雅揚風賡漢脈，振綱匡俗綻文葩。〔註 33〕

民國 85 年（1996）旗峰詩社主辦高屏三縣市丙子春季聯吟大會，首唱〈旗峰話舊〉，次唱為〈香蕉節藝文活動〉，文中提及旗山歷史悠久，人文薈萃，除農產品出色外，擁有百年詩社的蕉城，更是文風興盛，在漢學賡續與傳承上同樣值得驕傲。

　　蕭振中身為詩社要員，盡心維護收藏詩社及先人遺跡手稿，家中留有從清朝、日治至民國後各種珍貴文獻，其口述記錄，亦是詩社之寶。筆者在蕭家見到許多名家墨寶，資料夾內更收藏大量珍貴舊照、詩人手稿與報章剪報等，為了妥善保留先人文獻，蕭振中還特地委人翻拍老照片，並放大護貝之，不僅留下了傳家寶，也為地方文史保存下難得的歷史文獻。

〔註 32〕　蕭乾源：「開臺功績豈能忘，三百悠悠歲月長。天憫中原降點虜，力擎半壁拓洪荒。千秋浩氣文丞相，一代孤忠鄭郡王。不獨聲威揚九域，猶留姓字照岩疆。」（右四）、「樓船橫海壓鯤溟，血濺紅夷水尚腥。力抗八旗恢漢土，祚延永曆藐清庭。星移物換年三百，鯨去龍奔代幾經。大木勳名垂宇宙，巍峨祠宇壯南寧。」；蕭榮宗：「抗滿匡明幾丈夫，東南半壁獨撐扶。披荊斬棘勤王業，剩水殘山拓霸圖。大義千秋寒異族，孤忠一代屬吾儒。年迎三百懷忠烈，熟忍中原漢未除。」；蕭振中：「苦撐半壁拓瀛東，五度曆還紀鄭公。開府有心扶正朔，回天無力負孤忠。三朝歷盡王祠壯，一樹珍遺玉蕊紅。碧血黃花賡後起，中舊大葉繼成功。」見《臺灣風物》第 11 卷第 6 期，1961 年 6 月 30 日，頁 3、27。

〔註 33〕　〈旗山名人堂——蕭振中〉，《旗山奇》，網址：http://www.chi-san-chi.com.tw/ 2culture/index.htm，檢索時間：2015 年 4 月 18 日。

照片 5-3　蕭振中近照
照片來源：2015 年 5 月 10 日筆者於旗山東新街乾元藥行拍攝

第二節　戰後古典詩的困境與詩社經營

　　日治時期，官方容許組織詩社，1924 年連橫〈臺灣詩社記〉的記錄有 66 社，迨至 1960 年《台灣文獻》第 11 卷第 3 期賴子清〈古今臺灣詩文社（二）〉一文，揭載台灣詩社計得 244 社。由此可知，日治與戰後初期為台灣古典詩最昌盛的高峰期，時間推展到 1985 年仍有 60 餘社。〔註 34〕旗峰詩社橫跨日治至戰後，儘管近幾年來活動甚少，但在有志之士的堅持下，詩社組織仍在，本節將簡述戰後迄今古典詩的發展困境與旗峰詩社的經營情況。

一、戰後古典詩的發展困境

　　全國詩人大會是全島詩仔會的最高位階，有其示範作用，但因採各地輪流舉辦制，每年籌辦單位不相同，負責執行任務的成員也不固定，主要任務亦僅止於年度詩會的籌辦，不易凝聚持續性的力量。緣於此臨時性，即便「大會」於固定時節連續舉辦了十三年，並未能做任何劃時代的改革，面對漢學日趨沒落，應有所改革與維繫，或有自覺，卻缺乏可行性的一貫主張。〔註 35〕

〔註 34〕黃哲永：〈戰後台灣古典詩的觀察與商榷〉，《台灣文學館通訊》第 40 期，2013年 9 月，頁 19。

〔註 35〕江寶釵、謝崇耀：〈從日治時期「全島詩人大會」論臺灣詩社的轉型及其時代意義〉，《中正漢學研究》第一期（總第二十一期），2013 年 6 月，頁 348。

加上民國以來各種新思潮的挑戰，使得古典詩的發展更顯艱困停滯。有關戰後詩社沒落之因，高雄詩人許成章教授曾言：

> 蓋藝日人召開詩會，廣宴詩人，屬一時之豪興，事後發現並無多大作用，乃自然鬆弛，而漸趨冷淡。詩人一時受寵若驚，被冷遇卻猶思其盛會，有如鹿鳴宴之光榮，乃向地方士紳募款而開者數次。後來因士紳興趣缺缺而停止。至於私塾之塾師一變而成詩人，故詩社近千。到無聊時，即凡結婚、壽辰、落成典禮多被慫恿開詩會。詩人參加者除可得少數獎品外，又可白吃白喝一頓，勤此者多不知其榮辱，至今猶然。〔註36〕

除了傳統詩社逐漸沒落外，傳統詩人亦不受重視，楊永斌認為：

> 在戰後仍活動的漢詩人，對於日治時代的漢學和詩風，多有其口徑一致的說法，即漢詩人多是中流砥柱，「挽狂瀾於既倒」的「任重道遠」的人物，是臺灣人民族心理上與中國聯繫的最後堡壘，甚至說成是一種「精神上」的抗日行為。但實際進入日治五十年詩文史，卻發現臺灣詩人經常在吟風弄月（花柳消閒、紙醉金迷），且與日人酬唱交流不斷。當時絕大部分漢詩人，實在不是韜光晦跡，而是在應酬文場中拋頭露面的（朱點人等的發言）。甚至可說，在中日戰爭的迫切局勢中，還有閒情逸致的這群詩人，其生活層次也就不難想像。〔註37〕

日治詩文界中，耆老多有文化成就及地位，尚能吟詠心志，無須「干聲名，諂權貴」，但許多新進詩人以詩為器，藉此自抬身價攀權附勢，才讓漢詩成為新舊文學論戰中，眾人攻訐的首要對象。不可諱言，蕭乾源詩作中也有花柳消閒、酬唱之作，但如郭水潭所言：「經過大正、昭和年間，漢詩乃趨於歌功頌德或吟風嘯月，勢之必然者也。」〔註38〕在大時代背景下，旗峰吟社的擊缽作品真實呈現出日治時期傳統文人最真實的面貌，卻也容易成為戰後戒嚴、反日反共氛圍下被忽略的一群文人，再加上戰後耆老日漸凋零、新思潮

〔註36〕方俊吉主訪、陳慕貞記錄：〈許成章先生訪問紀錄〉，《高雄文獻》第九卷第二期，高雄縣鳳山市：高雄縣政府，1996年12月，頁17。

〔註37〕楊永斌：〈從「風月」到「南方」——論析一份戰爭期的中文文藝雜誌〉，郭怡君、楊永彬編著，河原功監修：《風月‧風月報‧南方‧南方詩集　總目錄、專論、著者索引》（台北：南天書局，2001年），頁107。

〔註38〕郭水潭：〈日僑與漢詩〉，《臺北文物》4卷4期，頁102。

大量湧現，傳統古典詩更顯弱勢。

此外，早從民初五四白話文運動開始，古典詩已受到影響，光復後因政府推行文化復興運動，台灣傳統詩社曾在中央詩壇大老于右任、賈景德等人的鼓舞及政府的經費補助下，積極推動各縣市重整或成立詩社，光復初期仍常見各地舉辦全國性詩會，詩人集體歌詠國家慶典或太平盛世等，一度有蓬勃興盛的現象。以旗峰詩社而言，蕭乾源早年曾參加全省詩人比賽掄元，獲縣長陳皆興題匾相贈，在藥房旁的住家客廳，也可看見于右任、賈景德、張道藩、白崇禧等諸大老生前墨蹟，肯定其對漢詩的堅持與貢獻。蕭乾源曾在旗山舉辦過兩次全省詩人大會，是難能可貴的地方文化盛事。只是隨著國民教育的普及與現代化文學的輸入影響，傳統文學環境面臨衝擊，社會以科學、新思潮為主流，教學偏重英、數、理等科目，對多數學子而言，古典詩文只是數篇文言課程，就算是大學課程也側重學術研究層面，習作僅聊備一格，在無益於升學、就業，學習又辛苦的情況下，讀詩、寫詩風氣自然衰微不振。

新世代對古書典籍涉獵漸少，國學基礎日漸薄弱，在考試領導教學的現況下，傳統漢詩欲振乏力，逐漸被社會邊緣化，偶爾見於廳堂廟柱、節慶贈聯、吟對遊戲，或少數人抒懷之作，就算有詩壇人士願意挺身而出，登高一呼，仍可能因為無人聞問而白忙一場。〔註 39〕正因台灣傳統詩社的起社屬於志願型，這類擬宗族型的私人結構組織，主要建立在倫理關係上，而非以權力、義務為規範，往往會因人舉事，或因人廢事，一旦組織中的主要人事凋零或異動，或面臨經費不足、社員流失等問題，詩社運作也將衰弱不振。近年來，台灣詩社發展每下愈況，社友聚會通常帶有濃厚的聯誼性質，難以視為創作群體，即使部分詩社或詩學研究會每年固定安排課程，也較側重於古典詩詞及文學史的講授，難以有效吸引青年學子投入漢詩創作領域，更突顯戰後古典詩的經營困境。

〔註39〕 舉例而言：李蘭海回憶道：「屏東縣國學會」會長吳百源私下曾請他至客家庄邀二十位左右便開課，上些學作古詩之方法等，他負責一切費用。李蘭海認為是好機會，便寄信至六堆各鄉鎮公所、各中小學等約六十多封信，擬利用週六下午至美和中學邀請參加「詩學研究會」，結果才一人報名，而他擬聘請七、八位老師指導（鍾國珍、黃丁郎、熊一鷗、張國基、姚炡寰等），才一位學生如何開課？以致未成功而作罷。邱春美：《六堆客家古典文學研究》，台北：輔仁大學中國文學研究所博士論文，2005 年 1 月，頁 31。

二、旗峰詩社的經營情況

從昭和 4 年（1929）創設迄今，旗峰吟社已成立 86 年（1929～2015），歷經殖民統治至光復以來，詩社雖經幾次沉寂，幸有熱愛詩學者重振旗鼓，積極中興社運，使旗峰詩社能歷久彌新，成為旗美地區重要的傳統詩社團。只是近年來部分社員因凋零、遷居他鄉或是已無興趣，詩社規模日漸萎縮，加上經費短缺，個別運作困難，目前「旗峰詩社」已併入高雄市詩人協會。

（一）地方文史團體的支持

儘管戰後台灣古典詩發展逐漸邊緣化，旗峰詩社仍在蕭乾源等人的帶領下，舉辦過多次雅集與全國詩人大會，1980 年代因社長蕭乾源中風逝世，詩友相繼凋零或創業遷居，詩社瀕臨解散，直到民國 83 年（1994），曾景釗倡議恢復旗峰詩社，在劉福雙、曾茂源、蕭振中、黃澤祥等人極力支持下正式復社，每週於曾景釗處所（賽珠藥局）例會一次，定期舉行詩文切磋會，重新為旗山地區的傳統漢詩注入新活力。同時期，旗山地區也陸續出現許多熱愛鄉土的作家與文史工作者，大家逐漸凝聚意識，積極維護地方文化。

民 87 年（1998）江明樹以《十八奇女》、《蕉城之歌》於高雄市文藝獎中同時榮獲小說類、散文類兩項佳作，柯坤佑也在同時期以「旗山奇」網站獲得教育部網站建置特優。兩人的榮譽紀錄卻是互相見面後才得知，江明樹感慨「好事不出門」，這樣的榮耀竟無法見諸報章，讓旗山人一起分享，於是有了自家人來辦理文藝獎的念頭。江明樹曾言：

> 一行人興高彩烈在旗山街頭高喊：「發揚旗尾山精神」、「發揚蕭乾源精神」。這兩年的六月六日，是旗山文化界重要的日子，舉辦蕭乾源文化獎，頒發獎牌給旗山人士參加鎮外有優異表現者，於是「蕭乾源」三字在媒體報導下成為響亮的字號，甚至蕭乾源居住一輩子的「蕭家樓」亦引起縣府的關注。〔註40〕

江明樹有感蕭乾源的文學貢獻深刻，卻逐漸為後輩遺忘，因此從民國 87 年（1998）起與任職和春工商專的莫皓帆共同設置「蕭乾源文化獎」，獎項分為文學、美術兩方面，一方面提攜文學人才，一方面彰顯旗山人亦有全國第一詩人之名號，〔註 41〕不僅是對蕭乾源的高度肯定，也讓更多人注意到旗峰詩

〔註40〕 江明樹：〈人間有情詩締盟～蕭乾源與楊雨河〉，《旗山奇》，網址：http://www.chi-san-chi.com.tw/2culture/index.htm，檢索時間：2015 年 4 月 18 日。
〔註41〕 游步廣：《當代旗山文化資產保存運動之研究（1990～2011）》，高雄：國立高

社，重新喚起地方藝文風氣。

　　蕭乾源文化獎共舉辦三屆，分別於民國 87 年（1998）6 月 6 日（好萊塢鄉村炸雞）、民國 88 年（1999）6 月 6 日，以及民國 89 年（2000）10 月 28 日（美濃民俗村「水蓮天」），邀請的頒獎者以文化界、教育界優先，特別垂青資深畫家、作家、詩人等，是當時極有意義的地方文藝活動。獎項設置目的在鼓勵與培育地方文化人才，立意甚好，尤其第二屆得主劉福麟，寫詩超過半世紀，因曾與蕭乾源同台擊缽吟唱，獲獎更是實至名歸。可惜在缺乏支持，鄉區資源又匱乏的情況下，三屆後便因人事、時間與經費拮据等情況黯然收場，但這三年來已讓更多人認識「旗尾山精神」與「蕭乾源精神」，不僅有益提振地方文藝風氣，也喚起部分民眾對地方文化的認同，重新關注旗山文化資產保存與永續經營等議題。

（二）培養詩社現代化能力

　　1990 年代台灣古典詩運動，共分三條路線：第一是台灣傳統型態及其衍生的社團為主的詩壇；第二是以各大學中文系為主的教學與創作系統；第三是高雄市古典詩學研究會所推出的新模式，〔註 42〕其中第一項指的就是台灣傳統詩社所帶動的古典詩運動。為適應時代，加強古典詩的現代化，陳城富主張創作時雖應遵守傳統的格律與韻，但用字遣詞宜淺易，表達清新意象，忌過份抽象。〔註 43〕只是「詩社現代化」並非只有漢詩創作的問題，學院詩

　　　　雄師範大學台灣文化及語言研究所碩論，2011 年，頁 62〜63。

〔註42〕 簡錦松〈一九九四年台灣傳統詩社現況之調查〉，《文訊》66 期 104，1994 年 6 月，頁 17。從民國 72 年（1983）起，每年由財團法人陳逢源先生文教基金會主辦，各大學中文學系輪流承辦的大專聯吟活動（1983 年至 2002 年止），多由簡錦松負責籌劃運作，除主辦大學外，包括中國古典文學研究會、財團法人古典詩學文教基金會、高雄市古典詩學研究會等也陸續投入協辦，逐漸成為台灣各大學中文學系、古典詩社團年度重要活動，許多青年詩人透過參與大專聯吟活動，開始學習漢詩格律並持續創作，對推動古典詩詞創作與欣賞功不可沒。可惜民國 92 年（2003）停辦，停辦後雖有少數中文系仍舉辦類似的吟唱競賽，卻已難追當年盛況，許多大學古典詩社也因缺乏表現舞台，相繼停社，校園及社會學詩風氣更加衰弱。此外，為了提振古典詩，高雄中山大學簡錦松教授長期致力古典詩的推廣，賣力推廣兒童古典詩外，嘗試恢復唐末許多傳統遊戲雅事，除了帶動地方學詩風氣外，也能吸引媒體注意與報導，期望延續台灣傳統詩文化。

〔註43〕 此說見陳城富《城春詩草集自序》。轉引自邱春美：《六堆客家古典文學研究》，頁 32。

人簡錦松認爲傳統詩社無法走上現代化之路，是危機的核心，他提問：

> 過去詩社的高貴性何在？現在的草根性何來？詩社的「社團意義」
> 定位爲何？詩社的内涵實質爲何？詩社的組織發展是否合理？詩社
> 的經營策略是否正確？〔註44〕

傳統詩社急遽失去吸引民眾的力量，除了時代變遷、不正確的史觀、官方不重視等因素外，無法現代化經營更是關鍵，也是有心改革者必須正視的問題。

談到培養詩社現代化能力，包括發行詩會刊物並集結出版，以及善用影音技術等，都是拓展詩藝的方式之一，曾景釗於《旗峰鐘韻擊缽詩集》題跋中說到：

> 近來科技發達，光影盛行，網路資訊躍爲主流，是故古典文學若欲
> 在 e 世代流傳，必須以光碟保存並專網介紹，期能維持一脈而不
> 墜。……未來意欲出版《旗峰紀念詩集》，將網羅七十餘年來所有社
> 友之作品，而達到文史資料儲存，俾免殘缺遺失之憾事！〔註45〕

進入數位網路科技世代，網際網路是當前保存傳播鄉土資料的好方法。以旗山而言，「旗山奇」網站透過眾人蒐羅，詳細整理地方上豐富的人文、宗教、老照片、遊樂、地理、產業、生態、建築等資料，不僅落實愛鄉意識，更能發揚地方文化，讓更多人看見旗山的眞善美。網站中留下許多有關旗峰吟社的資料記錄，包括蕭乾源《資生吟草》詩作、前後期詩人簡介及作品分享、耆老講古、蕭厝介紹、旗峰詩社大事記等等，是區域性難得的珍貴史料，成爲現代化的資源共享平台。

對於古典詩之衰頹，不少有識之士皆提出個人看法或呼籲，曾景釗社長認爲傳統詩之未來須往國小紮根，先以吟詩或背詩爲基礎，唯有加強培養年輕一代的漢學基礎，增強古文興趣，始得薪火相傳。他身爲復社社長，出錢出力，除了主張薪傳詩學，發揚國粹外，也嘗試將詩文融入地方生活，如命名旗山八景、爲地方廟宇寫聯及解籤，並明確定下詩社未來的三階段目標，期望能招收社員研習詩學、主導並發揚旗山文藝，以及催生文化總館，讓在地藝文人士有展演場地，並成立各文化社團的專屬辦公室，積極發揚旗山社團。對於仍存在的詩社地方政府應予以重視、輔導，讓傳統詩社也能在新時

〔註44〕簡錦松〈一九九四年台灣傳統詩社現況之調查〉，頁21。

〔註45〕蕭振中編輯：《旗峰鐘韻擊缽詩集》（高雄縣：乾元藥行，2000年12月），頁161～162。

代的文藝領域占有一席之地，不再只是寂寞的聲音。

擴大來說，爲了永續發展，除了詩人與文化團體的堅持，組織經營運作也須朝現代化發展，像是鼓勵政府與民間詩社合作，配合各式文藝祭典舉辦相關徵詩活動，例如台南市政府舉辦「山海新象──臺南勝景古典詩徵詩」〔註46〕，正是藉由徵詩活動，讓地方的名勝風光和城市新象更廣爲人知。另外，文化部推廣詩文創作暨閱讀，自 98 年（2009）起開始推動「好詩大家寫」及「大家來讀古典詩」計畫，鼓勵民眾閱讀古典詩，分享詩詞文字意境之美。隔年國立台灣文學館以推廣「現代詩創作」與「古典詩閱讀」爲兩大主軸，建構分享交流與互動之網路平台──愛詩網。爲了展現《全台詩》階段性成果，台文館也建置了「台灣古典詩主題詩選資料庫」，用來作爲「大家來讀古典詩──部落格文學獎」的閱讀素材，推廣同樣以城市（如台南、嘉義、高雄、屏東、彰化等）爲題材的古典詩文，吸引更多民眾閱讀，分享個人讀詩心得或評論，網站上還有以台灣古典詩爲素材的互動遊戲，以上這些活動，都是將古典詩推向「現代化」的新作爲。

2013 年古典詩人黃哲永曾針對古典詩、擊鉢詩、詩人、詩集、詩社、政府獎勵及其他相關議題提出個人觀察，除了推薦學者說法、期待《增訂台灣漢語傳統文學書目》出版外，也建議學者多利用《全臺詩》資料，希望作爲展覽、研究、出版機構的台灣文學館，能擴充各文體作品的典藏，由政府編列預算，逐年徵集購入台灣古典詩集，刊印詩人作品集時，最好應以手稿印行，才能減少訛誤，不讓先賢心血湮沒。另外，政府文化部門舉辦的文學獎中，宜增設古典詩項目，〔註47〕建議利用網路論壇與聯吟大會等虛擬、現實平台共進，將各類漢詩資料出版並數位典藏化，積極引導台灣古典詩壇走向現代化。唯有做到承先啓後，繼往開來，才能讓台灣騷壇以堅定的傳統姿態，迎向新時代的考驗。

（三）未來展望與願景

旗峰詩社早期在曾景釗的領導下，經常參與地方廟團，與公益團體結合，舉辦書法比賽等復興文化的活動，對於提倡詩教，振興地方文風，貢獻良多。

〔註46〕本次徵詩活動主辦單位爲臺南市政府文化局，協辦單位包括：鯤瀛詩社、玉山吟社、學甲謎社、南瀛詩社、安南詩社、慶安詩社、延平詩社、月津詩社。

〔註47〕黃哲永：〈戰後古典詩的觀察與商榷〉，《台灣文學館通訊》第 40 期，2013年 9 月，頁 22～23。

只是隨著時代轉變,年輕一輩不願學傳統詩,部分社員或因凋零、遷居他鄉或是已無興趣,目前較常參加活動的僅曾景釗跟曾俊源父子,加上兩位副社長(黃澤祥、蕭振中),詩社社員約莫剩下四人而已。除了社員萎縮,台灣各地傳統詩社普遍有人才與經費短缺,運作困難的窘境,現在的「旗峰詩社」已併入高雄市詩人協會,除林園詩社還有獨辦課題活動外,其他如「大高雄詩人聯吟大會」等大型詩學活動,都是由高雄市詩人協會主辦,由鳳崗詩社、林園詩社、旗峰詩社協辦。2015 年筆者至旗山訪談曾景釗,曾社長認為大家不必過度哀悼台灣詩社的未來,並對詩社發展提出與時俱進的新願景。談及未來展望時,他表示:

> 從沈光文到現在三百多年的台灣古典詩社,如果你沒有成立一個台灣古典詩社博物館的話,這些東西不管是聲光碟影,不管是各種手稿資料,不管是各詩社擊缽活動的紀錄,或是各詩社它苦心出版的各種書籍,或者是我們中華傳統詩人協會他所出版的,每一年出版的它擊缽聯吟的詩冊,如果你不成立「台灣古典詩學博物館」的話,這些東西會慢慢遺失掉。……不是要發揚光大,而是必須配合時代潮流,讓有興趣的人,比如說:有些小朋友、胎教、幼稚園,或是讀經班,他們曾經背過唐詩三百首,會覺得某一首詩的意境非常好,可以透過台灣古典詩學博物館,體會把這首詩的意境,用影音虛擬方式,重現當時詩人的心境,把那首詩變成動畫。〔註48〕

面對古典詩願景,曾景釗不說發揚光大,談的是時代的演變與潮流。他認為古典詩跟書法都是跟著時代潮流轉變的特殊才藝,是一種個人喜好與興趣。如何保留下台灣三百年來的古典詩傳統與記憶,不能只是擊缽聯吟,最重要的就是要成立台灣古典詩學博物館,只要民眾來到詩學博物館,就能欣賞自己最喜歡的詩作,透過緬懷先人詩作和興趣引導,感動才能深刻。為此,曾景釗自我深切期許:

> 如果有一天我有這個能力的話,我一定要成立台灣古典詩博物館,台灣古典詩博物館讓我有很多理想從這邊去呈現。其實詩學不管是古典藝文還是現代藝文,如果能配合現代潮流以聲光碟影的方法去呈現的話,不會輸給任何偶像的大型演唱會,還是會有人潮來喜歡

〔註48〕口述資料為筆者於 2015 年 5 月 10 日,至旗山賽珠健保藥局專訪曾景釗先生所得。

看的，……最重要的是要有興趣，看你怎麼呈現。不管多麼古老的
東西，甚至連古時候那些老古董，都還很多人愛不釋手。……我的
理想是以虛擬實境，讓你人可以跑到裡面去玩，在裡面和古人對話，
還能把早期唐朝的場景呈現出來。〔註49〕

曾景釧認為古典詩的現代化能力應當要配合時代潮流，積極營建共有的古典
詩學平台，讓感興趣的人有機會進一步接觸古典詩學之美，才能帶給內心空
虛、緊張的現代人，一個能依靠的藝文空間。儘管現況無法抵擋古典詩的沒
落，只要主政者與經營者能順應時代潮流，有計畫的將傳統詩學發揚光大，
古典詩也能是新時代民眾高深文雅的興趣與才學。

〔註49〕口述資料為筆者於 2015 年 5 月 10 日，至旗山賽珠健保藥局專訪曾景釧先生
　　　　所得。

第六章　結　論

　　清朝時期，旗山因受限於地理位置與官方消極統治，發展不大。直到日治時期，透過統治者強勢運作，使得旗山成爲沿山地區門戶與行政中心，不論是交通運輸、軍事單位或行政機關，皆有其重要性。日治以來日方積極開發，旗山逐漸成爲繁榮城鎮，人民生活品質提高，基本需求受到滿足後，文藝風氣也隨之興盛。日本佔台後，採用剛柔並濟的統治方式，包括壓制漢文、取締書房、破壞孔廟，或以紳章頒布、饗老典、揚文會、詩人聯吟等懷柔手法籠絡文士，試圖進行思想轉化。因書房受到壓制，詩社在政府默許下逐步發展，兩者間出現明顯消長關係。大正 10 年至昭和 12 年（1921～1937）間，全台估計約有 159 個新詩社成立，包括高雄州的「旗峰吟社」。旗峰吟社以切磋詩藝，傳授古典詩學爲宗旨，常在市街上新式洋房、鸞堂以及名勝場所舉辦集會，也多次在報章傳媒上徵詩競作，積極參與及主辦各項詩會活動，拓展旗美地區的漢詩空間，將漢詩文化兼容於實體與媒體空間中，爲旗山市街增添豐富的藝術與人文內涵。

　　本篇論文以蕭乾源與高雄旗峰吟社爲論述重點，除了探究日治以來旗峰吟社如何帶領地方詩寫與文化互動外，也看見個性溫和的蕭乾源以地方仕紳及詩人身分，打破地理、族群之界，積極推廣漢詩，帶動旗美兩地詩風，實爲閩客文人交流之典範。最後以戰後發展困境與願景爲題，希望詩社能努力邁向現代化，建構區域文史新方向。

一、地方「詩」寫傳承與文化互動

　　論文首先以旗山在地詩學代表——旗峰吟社爲主架構，透過地理空間（旗山市街興起）、政治態度（官方支持詩社發展），以及社會風氣（台灣古典詩

蓬勃）三方面，說明日治時期旗峰吟社創立過程、活動概況，觀察詩社所呼應的文化現象與影響，以及對旗美地區閩客族群融和的助益。

以地理空間而言，清領以來旗山市街是軍事與行政重鎮，加上交通便利、人口增加、產業興盛，與日治後二次街區改正擴張，市街逐漸成為旗山郡人潮匯聚的重要區域，提供旗峰吟社興起與發展的良好空間。蕭乾源生長於日益興榮的旗山五保，是市街上的實業家也是文學愛好者，昭和 4 年（1929）與黃光軍、范國清、蔡有國、游讚芳、陳三木等人創立「旗峰吟社」，除了帶動旗美地區詩潮外，也突顯地理對文學發展的重要性。旗山市街是蕭乾源經營事業、發展漢詩文化及應酬嬉遊的空間，當資產階級號召群體聚集旗山市街，以文人姿態創立旗峰吟社，積極舉辦漢詩活動時，詩社儼然是引領地方文化潮流的核心，透過媒體更加強化其地位，成為在地重要的文化地景之一。

此外，官方態度也助長傳統詩社的興起。日本治台後，官方必須處理仕紳問題，除了改變「鄉治社會」型態，也須尊重原地方「文治社會」的文化，與仕紳保持良好互動。當時漢文仍有極高的實用性，「推廣漢學」未必就是宣揚民族主義，在地方仕紳支持與殖民政權的默許下，傳統詩社對內扮演著聯繫台灣文人與延續漢文命脈的角色，對外則能促進台日文人交流，達成官方拉攏監督的目標，在雙方各取其利的情況下，詩社逐漸成為組織性極強的地方社團，提供鄉里仕紳聯誼交際的最佳聚所。當時旗峰吟社常在蕭乾源自宅二樓聚會，除聘請師資傳授漢詩外，也一同切磋創作，藉由文友間擊缽吟詠、著詩相贈之風氣，不僅成為地方上的文教指標、社交平台，也擔負起古典漢學的傳承。

日治時期官方逐步限禁書房，使得全台書房數量萎縮，知識分子開始轉向詩社組織，促使各地詩社蓬勃興起，這只是一種概略性說法。事實上，各地仍存在因地制宜的現象，在禁止與允許間，關係著倡議者在地方上的背景與影響力。以旗山市街而言，旗峰吟社成立前兩年，地方上也曾出現推廣漢文學習的社會救助機構（悟真社），能看出當時旗山大字內對漢文教學相對寬容的態度。在官方對書房限制日多，與地方仕紳互動良好的氛圍下，蕭乾源成功創立主張切磋詩藝，傳授古典詩學的旗峰吟社，期間未受到太多官方阻撓。此外，由於印刷術進步，出版業日益發達，詩集書報蓬勃出刊，也使騷壇訊息傳遞更為便利。蕭乾源創社隔年，便陸續在《台南新報》、《詩報》及

《南方》發表數十篇詩作，不僅提高詩社本身知名度，對於區域型小詩社而言，媒體的引介也能彌補地理空間的局限，不僅讓漢詩普及，也左右當時文壇發展，對招徠漢詩人有一定成果。只是分析蕭乾源詩作，幾乎全是旗峰吟社擊缽作品，少見投稿其他詩社之作，所參與的詩社也是以高屏地區爲主，因此知名度不若其他跨區域詩人，若非嘉南、高屏等地文士或有緣相交者，實難知其名聲，易被時代忽略，實爲可惜。

在社會風氣方面，旗峰吟社創立於日治台灣古典詩興起階段，當時社會流行「應和風雅切磋詩文」，不僅讓鄉里仕紳互動活絡，也帶動民眾閱讀與創作的風氣。以官方立場而言，多數吟社成員思想穩健，課題擊缽也少有批判政治、時勢之作，且因主導人物多爲當時鄉里仕紳文士，與統治者間保有某種程度的友好，才有閒情雅致吟詩結社，這類的娛樂聚會與休閒遊戲，對官方而言，實無嚴禁之必要。蕭乾源與旗山郡官員互動良好，創立旗峰吟社之初，不僅未受到嚴厲監督或打壓，甚至在昭和 6 年（1931）還隨總督府官員一同赴日考察，回台後積極投入旗山地區的社會救助事業，證明詩人在地方上具有一定聲望及影響力。

旗峰吟社成立目的在研究漢文韻學、傳授古典詩學、切磋社員詩藝，並廣募社員，帶動旗山一帶詩學，使地方文教風氣日興，是具有社交功能的文學性社團，尤其當日治後期，政府與民眾都不再熱衷漢詩活動時，蕭乾源等人仍苦心經營詩社，不只爲了振興逐漸衰頹的漢文教育，更可見詩人對傳統文化的認同與喜好。旗峰吟社重視風雅唱和，與詩友相互切磋詩藝，單純的「以文會友」也是旗峰吟社能夠跨越日治存留至今的重要因素。回溯旗山文化，日治創立的「旗峰吟社」充滿歷史及人文意義，旗美地區讀詩及寫詩風潮興盛，詩社功不可沒。雖然戰後傳統詩社曾有短暫的熱絡景象，但受到新文學影響，文言使用逐漸邊緣化，又因擊缽吟詩、詩鐘等傳統作詩型態受到抨擊，加上耆宿詞長相繼辭世，後生晚輩散居外地，傳統漢詩快速式微，各地詩社陸續解散或是社務停擺，若無有心之士堅持，實難長久經營。民國 73 年（1984）因蕭乾源病逝，詩社再度沉寂，直到民國 83 年（1994），才由曾景釗等人積極復社，承繼這個近百年的傳統詩社。

日治時期的詩社團體有地域性關聯，也有全島以及跨區域性質的聯吟活動，雖然各地詩社定期聚會雅集，但參與者多爲一地之里巷仕紳、親朋師友，想要增廣見聞、結交新知同好，則需跨出地方，以聯吟形式打破地

理空間的侷限。觀察旗峰吟社活動：昭和 4 年（1929）成立，昭和 5 年（1930）庚午 4 月在旗山市街舉行高雄州下聯吟會，召集南部詩人齊聚一堂，昭和 10 年（1935）更與美濃吟友結盟，於廣善堂輪流舉辦「旗美聯吟會」，每週課題一次，是旗美兩地的歷史結合，也是以區域性詩社爲主體而進行的聯吟活動，在旗山郡或高雄州具有一定的知名度與號召力，符合地域性分布特色，之後黃石輝又於昭和 16 年（1941）與美濃詩人朱阿華合創旗美吟社。從旗峰吟社——旗美聯吟會——旗美吟社的出現，可以看出漢詩文化以「地域觀念」在各街庄的興起與擴展。當漢詩文化發展由各街庄、各州到全島最高的聯合統籌組織，全臺各地幾乎都有詩社分佈，緊接著由全島、全州到各街庄的層級組織架構開始清晰，不管是詩人雅集或是詩社聯吟，都具有陪襯與強化詩社結構的意義。初成立的旗峰吟社明顯爲「街庄組織」，一年後便聯合高屏詩人一同擊鉢聯吟，持續壯大詩社陣容，充實詩員內涵，不久又發展出區域性的聯吟組織，進一步組成跨區域詩社團體，發展出一整套強化漢詩文化的層級組織。以詩社進化史而言，旗峰吟社已由地方性社團開始向外擴散，發展出可跨區創作的聯吟會形式，再透過旗美吟社的活動，與美濃及其他地區的詩社緊密互動，不僅擴大詩人的文學交遊，也串連起整個高屏地區的漢詩組織，顯示漢詩文化的強勢擴展，證明旗山地區的詩社活動非一潭止水。

此外，日治時期地方殖民官員對旗美地區採行「閩客和睦」的統治政策，先收編六堆組織，繼而調整行政區域，打破原本封閉的客家族群，加強閩客雙方的合作與交流，聚落開始產生新的質變，一連串以詩社爲名的文化交流帶動旗美文風，在兩地政治、社會與經濟良好互動下，這種以詩爲盟，以「人」爲本體的族群互動，明確化解了清朝以降兩地的仇視心態，有效緩和閩客長期對立。旗峰吟社成立之際，正值傳統書院衰落，詩社成爲公學校之外重要的漢文學習場所。從旗峰吟社的創社，發展至旗美聯吟會的交流，最後促成旗美吟社與各項詩社活動，一連串的文化盛事，不僅固守旗美地區的傳統漢學基礎，也鬆動了族群間的緊張關係，儘管閩客界線不易打破，但在政治勢力同化、社會秩序安定，以及經濟生活穩定發展中，兩地對立關係日趨緩和，加上詩友間的文藝交流，更直接柔化敵我意識。兩地詩人透過聚會合辦旗美聯吟會與旗美吟社，不只以文會友，切磋詩藝，更能透過詩友情感，逐步消弭長期以來的閩客衝突。

二、閩客文人交流之典範

　　論文接著探究創社者蕭乾源之生平與文學交遊，包括詩人家庭背景、求學過程、事業經營、個人重要經歷以及其重要的文學交遊等，進而對蕭乾源及其文學理念和創作有更深入完整的了解。

　　大正 2 年（1913）蕭乾源出生於台南曾家，因蕭家未有男丁，四歲時被蕭水連自台南友人家帶回旗山撫養。大正 11 年（1922）正逢日本官方推行「台日共學」，當時蕭乾源與日籍學童一起就讀尋常小學校，可以看出蕭水連與日本人關係友好，經濟能力也令人看重，是蕭家仕紳身分與勢力的另種證明。蕭乾源除了接受日本教育外，也隨漢塾老師習文，說明殖民者強勢廢除漢文過程中，實際上地方領導階層仍會利用自身影響力，支持漢文教育，爭取學習自主權，確實發揮相當程度捍衛族群文化的力量，體現地方重視漢文化爲主的本土教育價值。

　　蕭乾源居於旗山市街北邊的五保地區，一方面爲米穀商、煙草專賣商，經營專賣品乾元商店，另一方面從事貸地業，以地主的身分，將農地租予佃農耕種。身爲地方上有聲望、有充裕資產，能配合專賣事業活動者，蕭乾源不僅擁有旗山市街零售煙草的專賣利權，還曾多次參加官方舉辦的「店舖陳列競技會」，獲得煙草特等賞及特等入選等殊榮，在地方上具有一定的聲望及地位。他曾擔任旗山悟眞社主事，隨視察團前往日本視察，積極從事地方社會救助事項。蕭乾源就讀小學校，國語（日語）能力自在水準之上，不論是與眾人前往日本訪查，或是以日文撰寫報告心得，都表現得恰如其分。在他的參訪心得中，我們看見詩人與當權者的熱絡的交際互動，也讀見詩人洞燭機先及悲天憫人之胸懷。

　　蕭乾源交友廣闊，文學造詣深厚，在地方上頗具聲望，與美濃詩人朱阿華、陳保貴、朱鼎豫等人相知相惜，對隻身來台的後輩楊雨河更是照顧有加，除了展現長者風範外，更打破了族群及省籍界限，成爲閩客文人交流的典範。此外，細數蕭乾源親朋之中，包括阮寶治、阮文仁、黃石輝、黃華山、黃志輝、范國清、黃光軍等皆是抗日分子，部分詩文中可明顯讀出濃厚的民族意識與祖國情懷，因蕭家與官方關係不錯，資料中未提及詩人受到日警的監視與威脅，能獲得日政府如此善意的對待，更證明日治時期蕭乾源穩固的仕紳地位，儘管私下與抗日分子友好，也不影響日本官方的友善態度。

　　在漢詩創作方面，蕭乾源作品多爲擊鉢課題以及酬唱詩作。「擊鉢」原是

　　詩人間的雅興，是切磋詩藝的聚會，臺灣擊缽風潮的興起，透露出漢詩活動具有階級性與反映上層社會追求生活趣味的意涵，不論是入世層面的酬唱交際，或是出世避俗的閒適抒懷，都是日治時期社會領導階級認同的一種文化符號。由於資產階級已不純粹來自仕紳階級，受到商業文化更偏重感官娛樂的影響，漢詩文化空間逐漸衍生出耽溺功利實用的享樂主義，不但促使詩社林立，也讓漢詩創作走向庶民化、庸俗化，成為全民的文藝活動。只是民眾熱中擊缽的動機不一，當漢詩社交功能勝過文學內涵時，隨即引來強力抨擊，包括張我軍諷言擊缽吟為「偽文學」，陳逢源視詩社之害如同「鴉片窟」，認為以詩來應酬頌揚，明顯喪失先賢的遺民風格。蕭乾源詩作以擊缽吟及酬唱詩居多，書寫主題不乏贈與藝妓、愛戀美人、頌揚官方、祝壽弔念、吟詠抒懷、評論女性議題等，一方面呼應日治時期漢詩文化中的世俗性及便利性，同時也能論述時事兼顧個人的內在情感，只是大量課題徵詩、和韻酬唱、旖旎露骨的詩作，難免予人酬庸享樂、應和當權之印象，勢必降低詩詞本身的藝術及文學性，侷限了詩人的漢詩成就。

　　此外，論文從寫作技巧及特色進行分析，探討蕭乾源漢詩作品中的藝術特色。以寫作技法而言，蕭乾源擅長用典，引用的詩詞故事，除了託事言志外，也能使立論有所據，突顯詩人擁有豐富的國學底蘊。以旗峰吟社而言，成社宗旨就是「專研究詩文」與「風雅唱和切磋詩文」，詩句大量用典，其實也是詩社內的學習趨向。蕭乾源十分重視詩友的國學涵養，為求語言精練，言之有物，不僅定期舉辦漢詩研習集會，也邀請詩壇名士蒞臨指導。蕭乾源擁有深厚國學底蘊，能自然融入修辭技法，增強詩作深廣度，是一般利用漢詩酬唱交驩之人無法相提並論的。詩作中常出現熟悉的古人及典故，印證了詩人實踐生活文學化與詩學普及化的努力。此外，蕭乾源漢詩中「首句入韻」比例極高，可見詩人慣用正格寫詩，與詩人重視漢詩研究有密切關係。只是不論以特定題目撰作的課題，或是有時間限制的擊缽競賽，在創作目的與題材的牽制下，蕭乾源漢詩難免出現句型雷同、用詞或用韻重複等問題。他的詩風質樸自然，取材廣泛，較少自怨自艾、消極諷刺之作，包括歷史名人、庶民百姓、草木花鳥、季節時令等，都能入詩引詠。部分詩作因應和擊缽墨戲，顯得詩意不足，但他重視詩文研究，紮根國學基礎的功夫，仍令人欽佩。

　　日治時期，創作漢詩者不外乎知識分子，以及社會中具經濟能力的實業家，他們試圖在世俗之外，開創另一個風雅空間，使個人生活與社會文化都

能得到提昇。我們暫且不論擊缽詩文的文藝價值，就詩社活動而言，以競爭、獎勵、餘興節目等動機吸引仕紳商人吟詩寫作，不僅能切磋觀摩，交際聯誼，也可以藉由詩會展現詩藝，博取聲譽，具有重要的文化及社交功能。蕭乾源集結同好，抱著傳承古典詩學，涵養個人學識品格而創立詩社，但仍需有現實條件的支持。要在殖民時期中適應順利、享受生活者，首要條件就是要能面對現實，因此在創立及推行詩社活動時，出現向當局示好的詩文便成為一種常態。蕭乾源個性溫和敦厚，曾透過漢詩呼應日方倡議的東亞文化及皇民化政策，頌揚大和精神之作，明顯應和殖民政權。正因沒有強烈的遺民情懷，所以蕭乾源能坦然面對現實，追求擊缽時的休閒適性，也承認漢詩的實用價值。

　　蕭乾源經歷臺灣政權移轉，文學上始終堅持古典詩學創作與推廣，在政治與國家態度上，明顯與當權者交好，筆者以為這與詩人「明哲保身」與「維護鄉里」的態度有關，畢竟強烈的抗日思潮不僅攸關個人生死禍福，甚至可能危害整個家族興衰。蕭家靠經商致富，家中子弟甚至能就讀小學校，繼承家業的蕭乾源若與日本政府交惡，其影響絕非個人之事，儘管內心懷有民族情操，仍與日方保持友好關係，不僅守護自家產業，也能為地方貢獻一己之心力，如擔任悟真社主事，積極推動旗山地區的社會救助，這些都不是與日本政府敵對所能辦到的。由此可知，日治時期蕭乾源身為地方仕紳，資產可觀，是統治者籠絡的對象，雖然內心懷有祖國意識，交遊對象也不乏抗日分子，但在現實層面，他仍是旗山市街上安分守業的領頭詩人，在官方允許的空間中，追求自我的詩學成就。

　　日治時期有所謂的「一世文人」和「二世文人」之分，不同於專以漢文寫作的一世文人，出生在日本領台後的二世文人，多數受過漢文教育，漢文程度雖不如一世，已足以創作抒懷，特別是文壇上一群受過新式教育的二世文人，更被視為日治時期台灣古典詩的改革者和實踐者。以上這樣的二分法，雖能概念性區分出詩人的時代及學習背景，但因二世文人風格鮮明，無法涵括部分出生日治，受過傳統漢文及新式教育，卻無鮮明創作立場之詩人，使得許多未有強烈抗日意識的傳統詩人逐漸被文壇忽略，甚至被歸為阿諛功利，沽名釣譽之徒。重回歷史現場，日治時期的台灣漢詩文化空間，仍需架構在現實生活之中，除了詩人學識及風骨外，更包含受限於政治、經濟因素的個人及家族生存方式，成為另一個滿足資產階級社交、應酬、興趣及抒懷

的生命空間。因此，評賞此類頌揚大和精神的作品，也須重視詩人所處的時代背景，不管詩人「選擇革命而戰鬥」或是「選擇認同而生活」，在特殊時代背景下討論漢詩，不宜陷入單一政治角度或道德批判的泥淖中，才能還原當時庶民文學的真實面貌，客觀詮釋詩人創作時的生存空間與價值觀。

回顧 1930 年間，蕭乾源寫下許多充滿民族意識的詩作，也曾創作詠日詩句，1940 年間更有多首應和皇民政策之作，直到戰後反共文學興起，蕭乾源亦投稿多篇漢詩應和時勢，隨國民政府高喊掃匪殺俄。不論詩人馴服或反抗，可確知的是，詩人的創作空間常受到統治者制約，多數詩人多半保持一種順服狀態，唯有不涉及反抗意識，才能避免受到當政權的監控與壓迫。身為實業家的蕭乾源，個性溫和不激進樹敵，與時代當權者保持友好關係，因此不論是日本殖民統治或戰後白色恐怖階段，詩人皆能明哲保身，在地方上安居樂業，保有漢詩創作的閒適性及自主性，成為旗山在地詩學的代表人物。

身為實業家與扛鼎詩人的蕭乾源，個性溫和與人為善，一方面經商營生，投入社會事業，一方面擔任旗峰吟社社長，出錢出力，成為詩社成功背後最重要的推手。戰後蕭乾源考取中醫師，開設乾元藥行。早期文中路蕭家樓附近土地多為蕭家所有，但民國 50 年起，因陸續爆發劉發釗盜用私印、擔任親屬保證人而遭陷害連累，莫名債務幾乎讓他散盡家產。民國 73 年（1984）農曆 5 月 10 日，蕭乾源因病逝世，社運陷入停擺，詩社一度沉寂幾近解散，所幸十年後在曾景釗等人努力下有再起之勢。回顧蕭乾源一生深耕旗山文化，出錢出力，活絡閩客詩人交流，終生推廣傳統詩學的精神，令後世敬崇。

旗峰吟社是日治以來旗山地區在地古典文學的代表，不僅開啟旗山市街傳統詩的創作風潮，也讓漢詩走入市井民眾的生活，成為旗美地區推廣漢學的重要文教組織。兼具地方實業家與詩人身分的蕭乾源，不僅是詩社的靈魂人物，也是閩客文人交流的典範。藉由研究其生平、職業、文學交遊、社經地位以及漢詩作品，我們可以貼近詩人心靈的自我表述，感受一種友好妥協的時代氛圍。蕭乾源心中雖有祖國想像，但仍接受日本領台的事實，這種維護鄉里、明哲保身的立場，反映出日治時期一群具有漢學背景的在地仕紳及資產家心態——他們雖曾對革命運動表現出同情與支持立場，但基於個人生長背景和家族事業經營，仍會選擇以皇民自居，與殖民政府和諧相處。因為沒有明顯的遺民情懷，所以能坦然面對現實情境，承認漢詩實用價值，並追求擊缽時的休閒適性，默默賡續在地漢學文化。

三、區域文史發展困境與新方向

　　論文最後探究旗峰吟社其他詩人詩作及其傳承現況，除了介紹旗峰吟社前、後期部分詩人詩作外，也以古典詩文化傳承為方向，分析旗峰吟社戰後面臨的困境與挑戰，希冀能以現代化策略，積極尋求政府與藝文團體支持，組織地方性團體，培養詩社的現代化能力，期盼這個近百年的古典詩社能永續經營。

　　旗峰詩社以民國 83 年（1994）重新復社為界，前期詩人主要限於昭和 4 年（1929）至民國 82 年（1993），後期詩人則從民國 83 年（1994）後論起。前期詩人包括黃石輝、黃承系、劉順安、劉福麟、游讚芳、簡義、阮文仁等人，儘管日治以來詩社歷經幾度興衰，這些社員始終與之同在，創作不輟，可惜詩人作品多半未能付梓，只零星出現各類詩集、報章中，無法讓人廣泛閱讀研究，這也是古典詩人更趨沒落的重要原因之一。有關戰後台灣傳統詩社的人際網絡，多以日治遺老為基本成員，由舊社員為基幹向外擴展，依社員之血親、姻親、師生、朋友及同事等關係，召納新社員，形成以倫理關係為核心的樹枝狀發展系統。旗峰詩社後期詩人包括蕭振中、劉福雙、黃澤祥等人的祖父、父親，都是詩社前期重要成員，另有曾景釗、曾俊源父子檔加入詩社，倫理關係結構明顯。其中曾景釗原為林園詩社社員，回到旗山後開始積極復社，復社後社址設於自宅（賽珠健保藥局），除教導社友詩體格律，四處參加擊鉢競賽外，也積極保存社員詩集文獻，用心經營旗山詩藝文化。民國 103 年（2014）底，旗峰詩社已由愛好詩文的曾俊源接任新社長。目前因社員大幅萎縮，加上經費短缺，個別運作困難，已併入「高雄市詩人協會」，成為協辦組織之一。

　　蕭乾源曾在旗山舉辦過兩次全省詩人大會，是難得的地方文化盛事。只是受到國民教育與現代文學影響，傳統文學環境面臨衝擊，教學偏重英、數、理等科目，社會則以科學、新思潮為主流，對多數學子而言，古典詩文只是數篇文言課程，就算是大學課程也側重學術研究層面，習作僅聊備一格，在無益升學、就業，學習又辛苦的情況下，讀詩及寫詩風氣自然衰微不振。此外，新世代對古書典籍涉獵漸少，國學基礎日漸薄弱，在考試領導教學的現況下，傳統漢詩欲振乏力，逐漸被社會邊緣化。正因台灣傳統詩社的創社屬於志願型，此類擬宗族型的私人結構組織主要建立在倫理關係上，而非以權力、義務為規範，往往容易因人舉事或因人廢事，一旦組織中的主要人事凋

零或異動，或面臨經費不足、社員流失等問題，詩社運作也將衰敝不振。近年來，台灣詩社發展每下愈況，社友聚會通常帶有濃厚的聯誼性質，較難視為創作群體，即使部分詩社或詩學研究會每年固定安排課程，也較側重於古典詩詞及文學史的講授，難以有效吸引青年學子投入漢詩創作領域，更突顯古典詩的經營困境。

有關戰後旗峰詩社的經營狀況，首先從民國 87 年（1998）起江明樹與莫皓帆共同設置蕭乾源文化獎，獎項分為文學、美術兩方面，一方面提攜文學人才，一方面彰顯旗山人亦有全國第一詩人之名號，可惜在缺乏支持，鄉區資源又匱乏的情況下，三屆後便黯然收場。此外，針對傳統詩社的核心危機——無法現代化，曾景釗建議可以透過網路科技，為區域性的珍貴史料提供一個資源共享的數位平台。為了讓台灣詩社永續發展，不僅需要詩人與文化團體的堅持，組織運作也必須活化經營，像是鼓勵政府與民間詩社合作，配合各式文藝祭典舉辦相關徵詩活動，建議在文學獎中增設古典詩項目，積極鼓勵民眾閱讀古典詩，分享個人讀古典詩之心得或評論，或可透過網路論壇與聯吟大會等虛擬、現實平台共進，積極引導古典詩壇朝現代化方面經營。

目前「旗峰詩社」已併入高雄市詩人協會，如「大高雄詩人聯吟大會」等大型詩學活動，都是由高雄市詩人協會主辦，鳳崗詩社、林園詩社、旗峰詩社協辦。面對古典詩，曾景釗有著與時俱進的新願景，希望能申請經費，成立「台灣古典詩學博物館」，把全部詩作收藏到台灣古典詩學博物館裡，再以影音光碟、虛擬實境方式呈現，讓對古典詩文有興趣的民眾能感受詩境，營建一個共有的古典詩學平台，帶給現代人不同的藝文空間。只要主政者與經營者能順應時代潮流，計畫未來，古典詩也能成為新時代民眾的興趣與才能。

王德威在《台灣：從文學看歷史》序言說到：「歷史的建構不脫虛構，但虛構不僅只是無中生有，虛構總以生命及生活經驗為前提。……文學是欲望、形塑、詮釋，乃至解構歷史的動力。」〔註1〕旗峰吟社以地方仕紳文人為首，

〔註 1〕 王德威在《台灣：從文學看歷史》序言說到：「藉著文學『看』歷史，我強調兩者之間的主從辯證關係。歷史既非不證自明的存在，也未嘗是洞見一切的主體。無論作為組裝記憶的工程，還是原鄉原道的依歸，歷史的建構不脫虛構，但虛構不僅只是無中生有；虛構總以生命及生活經驗為前提。……文學是欲望、形塑、詮釋，乃至解構歷史的動力。」王德威編：《台灣：從文學看歷史》（台北：麥田出版，2005 年），頁 4。

共同研習漢學，切磋詩藝，不僅維護地方傳統文化，豐富在地人文，也為傳統詩學開枝散葉，對旗山地區的文教發展有著極大的貢獻。蕭乾源身為地方知名仕紳，因鍾情古典詩學創立詩社，肩負地方漢學傳授工作，作品多擊鉢課題之作，常出席各地詩人聯吟活動。他曾擔任悟真社主事，至日本遊覽考察，此類與日本官方友好的詩人，常容易因為政治選擇而被忽視，唯有在地民眾才知曉蕭乾源經營旗山文藝，提倡地方文風的認真態度，江明樹先生更以「旗峰詩社的扛鼎詩人」譽之。

　　蕭乾源對漢詩的堅持橫跨日治與戰後，對漢詩的熱愛不僅表現在詩社活動上，現實生活中也有大量詩作。身為旗峰吟社的扛鼎詩人，蕭乾源延續一線斯文，鼓盪民族氣節，抒發鬱煩悲憤，留存歷史見證〔註2〕，真實體現台灣古典詩的歷史意義與時代價值，為地方留下許多歷史書寫與文史記錄，後代學者研究詩人作品特色，討論其創作背景動機與複雜心境，冀能更加貼近詩人創作歷程，這些也是文學回饋歷史的最佳寫照。

　　本論文以「蕭乾源及高雄旗峰吟社研究」為題，希望透過蒐羅保存旗峰吟社詩人及詩社文獻資料，重新建構蕭乾源個人生命及文學歷程，不僅見證日治至戰後台灣古典詩學的演變，也肯定蕭乾源與高雄旗峰吟社在台灣文學史上價值性，為詩社及詩人留下更清晰完整的影像及定位，期能稍稍補足區域文學上的小塊空白。目前，許多詩人詩作尚未集結完成，這些湮沒於田野間的史料仍需持續追蹤整理，但願「旗峰」這個橫跨日治及戰後的傳統詩社，能持續朝現代化目標邁進，和台灣各地騷壇同好一起努力，迎向新時代考驗。

〔註2〕施懿琳：就「延續一線斯文、鼓盪民族氣節、抒發鬱煩悲憤、留存歷史見證」這四方面而言，日據時期臺灣古典詩確實有值得肯定的歷史意義與時代價值。見施懿琳：〈日據時期臺灣古典詩的抗議精神與比興諷諭傳統〉，《古典文學》第 12 集，1992 年 10 月，頁 284。

徵引及參考文獻

（以下書目之編排以時間先後爲序）

一、旗峰吟社蕭乾源著作

（一）漢詩

1. 《詩報》、《台南新報》、《專賣通信》、《南方》等。
2. 蕭乾源著、蕭振中編輯：《資生吟草》，高雄縣：乾元藥行，1998 年。
3. 蕭振中編輯：《旗峰鐘韻擊缽詩集》，高雄縣：乾元藥行，2000 年 12 月。

（二）散文

1. 蕭乾源：〈內地視察團の感想〔六〕〉，《社會事業の友》，昭和 7 年（1932）1 月 1 日，頁 76～79。

二、專書部分

（一）台灣漢詩、擊缽集

1. 賴子清：《臺灣詩醇》前、後編，台北：青木印刷所，1935 年 6 月。
2. 周定山：《台灣擊缽詩選》，台北：詩文之友社，1964 年 2 月。
3. 張琴龍著兼總編輯：《旗美詩苑》第一冊，高雄縣：美泰印刷所，1985 年 1 月。
4. 曾景釧：《溪山嘯詠集》，高雄縣：文德印刷廠，1998 年 6 月。

（二）專著

1. 黃叔璥：《台海使槎錄》，台北市：台灣銀行經濟研究室，1957 年。
2. 王國璠、邱勝安著：《三百年來台灣作家與作品》：高雄：台灣時報社，1977 年 8 月。
3. 國立屏東師範學院編：《認識高雄縣》，臺灣省政府教育廳，1994 年。

4. 呂順安主編：《高雄縣鄉土史料耆老口述歷史叢書 9》，南投市：省文獻會出版，1994 年 11 月。

5. 周慶華：《臺灣當代文學理論》，台北市：揚智文化，1996 年。

6. 李允斐、鍾榮富、鍾永豐、鍾秀梅合著，《高雄縣客家社會與文化》，鳳山市：高雄縣政府，1997 年。

7. Tsurumi, E. Patricia 著，林正芳譯：《日治時期臺灣教育史》，宜蘭縣：仰山文教基金會，1999 年。

8. 劉大杰：《中國文學發展史》，台北市：華正書局有限公司，1999 年 8 月。

9. 鍾壬壽主編，徐傍興編輯發起：《六堆客家鄉土誌》，常青出版社，1999 年 8 月。

10. （梁）劉勰著、王更生注譯：《文心雕龍讀本》下篇，台北市，文史哲出版社，1999 年 9 月。

11. 黃福鎮：《大高雄風土誌——第一輯古老的建築》，高雄市：高雄復文，2000 年。

12. 郭怡君、楊永彬編著，河原功監修：《風月・風月報・南方・南方詩集——總目錄、專論、著者索引》，臺北市：南天書局，2001 年。

13. 劉麗卿：《清代台灣八景與八景詩》，台北：文津出版社，2002 年。

14. 江寶釵：《臺灣古典詩歌面面觀》，台北：巨流圖書出版公司，2002 年 3 月。

15. 謝崇耀：《臺灣文學略論》，台南縣新營市：台南縣文化局，2002 年 10 月。

16. Mike Crang 著，王志弘、余佳玲、方淑惠譯，《文化地理學》，台北：巨流圖書公司，2003 年。

17. 王德威編：《台灣：從文學看歷史》，台北：麥田出版，2005 年。

18. 廖振富：《櫟社研究新論》，台北市：國立編譯館，2006 年 3 月。

19. 陳大為、鍾怡雯主編：《20 世紀台灣文學專題 I：文學思潮與論戰》，台北市：萬卷樓圖書股份有限公司，2006 年 9 月。

20. 黃美娥：《古典臺灣：文學史、詩社、作家論》，台北：國立編譯館，2007 年。

21. 林正三編著：《台灣古典詩學》，台北市：文史哲出版社，2007 年 7 月。

22. 林正三輯釋：《輯釋臺灣漢詩三百首》，台北市：文史哲出版社，2007 年 7 月。

23. 林正慧：《六堆客家與清代屏東平原》，台北市：遠流出版公司，2008 年 12 月。

24. 簡炯仁作，再現台灣編輯小組編輯：《再現台灣——高屏地區的發展》，台中市：莎士比亞文化出版，2009 年 4 月。

25. 張毅鈞作，再現台灣編輯小組編輯：《再現台灣——台灣詩與詩社》，台中市：莎士比亞文化出版，2009 年 4 月。

26. 彭瑞金總編輯：《2008 臺灣文學年鑑》，台南市：台灣文學館，2009 年 12 月。

27. 李文環：《空間與歷史：旗山文化資產之歷史論述》，高雄市：麗文文化事業有限公司，2010 年。

28. 邱錦輝：《台灣美濃客家鄉土典故》，文豪印刷企業社，2010 年 9 月。

29. 鄭定國編：《劉孟梁詩書畫集》，嘉義：南華大學台灣研究中心，2011 年。

30. 陳芳明：《台灣新文學史》，台北市：聯經出版事業，2011 年 10 月。

31. 彭瑞金總編輯：《2010 臺灣文學年鑑》，台南市：台灣文學館，2011 年 12 月。

32. 王嘉宏：《如此江山——乙未割台文學與文獻》，台南市：台灣文學館，2011 年 12 月。

33. 顧敏耀、薛建蓉、許惠玟：《一線斯文——臺灣日治時期古典文學》，台南市：台灣文學館，2012 年 11 月。

34. 李知灝：《從蠻陌到現代——清領時期文學作品中的地景書寫》，台南市：台灣文學館，2013 年 8 月。

35. 利天龍、莊天賜、陳秋坤、曾坤木：《重修屏東縣志：人群分類與聚落村莊的發展》，屏東市：屏東縣政府文化處，2014 年 11 月。

三、單篇論文

1. 富田芳郎：〈高雄州旗山の町の變遷〉，《台灣民俗》第 4 卷第 3 期總號 033，台北：東都書籍台北支店東都書籍株式會社，1944 年 3 月 1 日，頁 44～46。

2. 郭水潭：〈日僑與漢詩〉，《臺北文物》4 卷 4 期，1956 年 2 月，頁 97～110。

3. 方延豪：〈台灣詩社之今昔談〉，《藝文誌》123 期，1975 年 12 月，頁 55～62。

4. 吳文星：〈日據時代台灣書房之研究〉，《思與言》第 16 卷第 3 期，1978 年 9 月，頁 62～89。

5. 黃得時：〈台灣詩學之演變〉，《孔孟月刊》第 21 卷第 12 期，1983 年 8 月，頁 44～49。

6. 梅家玲：〈世說新語名士言談中的用典技巧〉，《臺大中文學報》第 2 期，1988 年 11 月，頁 341～376。

7. 連雅堂：〈《臺語考釋》序二〉，《連雅堂先生全集·雅堂先生集外集》，南

投市：臺灣省文獻委員會 1992 年 3 月，頁 19～56。

8. 施懿琳：〈日據時期臺灣古典詩的抗議精神與比興諷諭傳統〉，《古典文學》第 12 期，1992 年 10 月，頁 243～293。

9. 簡錦松〈一九九四年台灣傳統詩社現況之調查〉，《文訊》66 期 104，1994 年 6 月，頁 17～21。

10. 黃文樹：〈日據時期高雄市初等教育之研究〉，《高市文獻》第 7 卷第 2 期，1994 年 12 月，頁 1～31。

11. 方俊吉主訪、陳慕貞記錄：〈許成章先生訪問紀錄〉，《高縣文獻》第 9 卷第 2 期，高雄縣鳳山市：高雄縣政府，1996 年 12 月，頁 15～29。

12. 黃美娥：〈日治時代台灣詩社林立獻向的社會考察〉，《台灣風物》47 卷 3 期，1997 年 9 月，頁 43～88。

13. 張圍東：〈日據時代台灣報紙小史〉，《國立中央圖書館台灣分館館刊》5 卷 3 期，1999 年 3 月，頁 49～58。

14. 王順隆：〈日治時期台灣人「漢文教育」的時代意義〉，《台灣風物》49 卷 4 期，1999 年 12 月，頁 107～127。

15. 林文龍：〈文昌帝君與台灣的書院〉，《傳統藝術》第 34 期，2003 年 9 月，頁 11～15。

16. 許秀霞：〈功名、文學與傳說——書香美濃的形塑〉行政院客家委員會成果報告，2005 年 12 月，頁 1～138。

17. 林萬億：〈當代慈善特色——從救濟轉爲福利的社福事業〉，《台灣慈善 400 年》台北市：經典雜誌出版社，2006 年 5 月，頁 134～143。

18. 陳淑滿：〈「旗山」地名沿革與其文化傳承〉，《高雄文化研究年刊 2006 年》，高雄市：春暉出版社，2006 年 7 月，頁 115～132。

19. 吳榮發：〈高雄州特高事件概述 1941～1945 年〉，《高雄文獻》第 19 卷第 3 期，2006 年 9 月，頁 1～33。

20. 翁聖峰：〈台灣文學與文化盛事——《詩報》覆刻序〉，《國文天地》22 卷 12 期，2007 年 5 月，頁 74～76。

21. 蔡元隆：〈眞平等？或假平等？——從日治時期（1919～1941）的臺日共學制談初等教育本質上的歧視〉，《國教之友》第 59 卷第 1 期，2007 年 11 月，頁 74～81。

22. 吳榮發：〈《活地獄》：李伯元、鄭坤五的社會寫實小說及其歷史情境〉，《雄中學報》第十期，2007 年 12 月 1 日，頁 373～404。

23. 簡文敏：〈族群文化與歷史記憶機制——以甲仙地區抗日事件歷史記憶爲例〉，《高雄文化研究》，2007 年 12 月，頁 95～124。

24. 李毓嵐：〈日治時期臺灣傳統文人的女性觀〉，《臺灣史研究》第 16 卷第 1 期，2009 年 3 月，頁 97～98。，頁 87～129。

25. 楊欽堯：〈旗山名稱之演變〉，《台灣文獻》別冊 29，南投：國史館台灣文獻館，2009 年 6 月，頁 44～53。

26. 翁聖峰：〈日治時期臺灣「女車掌」文學與文化書寫〉，《文史臺灣學報》第 1 期，2009 年 11 月，頁 188～220。

27. 翁聖峰：〈日治時期職業婦女題材文學的變遷及女性地位〉，《台灣學誌》創刊號，2010 年 4 月，頁 1～31。

28. 黃哲永：〈戰後台灣古典詩的觀察與商榷〉，《台灣文學館通訊》第 40 期，2013 年 9 月，頁 19～23。

29. 江寶釵、謝崇耀：〈從日治時期「全島詩人大會」論臺灣詩社的轉型及其時代意義〉，《中正漢學研究》第一期（總第二十一期），2013 年 6 月，頁 327～360。

30. 黃哲永：〈戰後古典詩的觀察與商榷〉，《台灣文學館通訊》第 40 期，2013 年 9 月，頁 19～23。

31. 陳立驤：〈鄭成功的各種歷史形象與評價〉，《鵝湖月刊》第 461 期，2013 年 11 月，頁 2～2。

32. 李蕙珊：〈呂溪泉〈羅山彩雲歌妓賦〉考釋〉，《東海大學圖書館館訊》新 153 期，2014 年 6 月，頁 85～92。

33. 林正慧：〈二二八事件中的保密局〉，《台灣史研究》第 21 卷 3 期，2014 年 9 月，頁 1～65。

34. 蕭鳳嫻：〈從順治史事到鄭成功史事──1949 年後臺灣索隱派紅學歷史想像與國族認同遞嬗〉，《藝見學刊》8 期，2014 年 10 月，頁 45～55。

四、學位論文

1. 王文顏：《臺灣詩社之研究》，台北：國立政治大學中文所碩士論文，1979 年。

2. 陳丹馨：《台灣光復前重要詩社作家作品研究》，台北：東吳大學中文所碩士論文，1996 年 5 月。

3. 黃文車：《黃石輝研究》，嘉義：國立中正大學中國文學研究所碩士論文，2001 年 6 月。

4. 陳芳萍：《彰化應社及其詩作研究（1939～1969）》，新竹：國立清華大學中國文學研究所碩士論文，2002 年。

5. 王玉輝：《日據時期高雄市詩社和詩人之研究。──以旗津吟社為例》，高雄：國立中山大學中文所碩士論文，2003 年。

6. 許淑娟：《國家與地方：旗山鄉街的時空發展過程（1700s～1945）》，台北：國立台灣師範大學地理研究所博士論文，2004 年。

7. 蕭盛和：《一個客家聚落區的形成及其發展：以高雄縣美濃鎮為例》，台

北：國立台灣師範大學歷史學系碩士論文，2004 年 8 月。

8. 邱春美：《六堆客家古典文學研究》，台北：輔仁大學中國文學研究所博士論文，2005 年 1 月。

9. 顏育潔：《石中英、呂伯雄其人其詩探究》，高雄：國立中山大學中國文學系碩士論文，2005 年 6 月。

10. 張二文：《高雄縣客家地區鸞堂與鸞書文學意涵之研究——以美濃廣善堂的發展為例》，台北市：行政院客家委員會客家學術研究，2006 年。

11. 劉家宏：《旗山市街發展之研究》，台南：國立臺南大學台灣文化研究所教學碩士班論文，2007 年。

12. 郭秋顯：《海外幾社三子研究》，高雄：國立中山大學中國文學系研究所博士論文，2007 年。

13. 黃福鎮：《戰後高雄地區傳統詩研究》，高雄：國立中山大學中國文學研究所碩士論文，2009 年。

14. 謝崇耀：《日治時期臺北州漢詩文化空間之發展與研究》，嘉義：國立中正大學中國文學所博士論文，2010 年。

15. 李郁芬：《《台南新報》漢文欄之研究》，台南：國立成功大學台灣文學研究所碩士論文，2011 年。

16. 吳佳彰：《北港口湖地區鄉勵吟社研究》，嘉義：南華大學文學系碩士論文，2011 年 6 月。

17. 游步廣：《當代旗山文化資產保存運動之研究（1990～2011）》，高雄：國立高雄師範大學台灣文化及語言研究所碩士論文，2011 年。

18. 楊順安：《台灣道教喪葬禮俗之研究——以旗山鎮為例》，台南：國立臺南大學台灣文化研究所碩士論文，2011 年。

19. 劉慧蘭：《劉孟梁及其詩書畫研究》，嘉義：南華大學文學系碩士論文，2012 年。

20. 姚蔓蘋：《戰後台灣古典詩發展考述》，台北：國立台灣師範大學國文學研究所博士論文，2013 年。

21. 鍾怡彥：《美濃作家的在地書寫研究》，桃園：國立中央大學中國文學系博士論文，2014 年 6 月。

五、網路資源

（一）主要檢索網頁

1. 柯坤佑：《認識台灣的第一站——旗山奇》，網址：〈http://www.chi-san-chi.com.tw/0_intro/index.htm〉，檢索日期：2014 年 8 月 8 日。

2. 〈日治時期期刊全文影像系統〉，《國立台灣圖書館》，網址：

〈http://stfj.ntl.edu.tw/〉，檢索日期：2014 年 8 月 8 日。

3. 〈日治時期圖書全文影像系統〉，《國立台灣圖書館》，網址：〈http://stfj.ntl.edu.tw/〉，檢索日期：2014 年 8 月 8 日。

（二）其他相關網頁

1. 《臺灣實業名鑑》，《國立台灣圖書館》，網址：http://hyerm.ntl.edu.tw/ntlerm/resource.jsp?esource_classify=databases&esource_pagetype=，檢索日期：2014 年 8 月 8 日。

2. 江明樹：〈記旗美吟社〉，《六堆風雲》，網址：http://hakka.zzd.stu.edu.tw/content.php?id=1783，檢索日期：2014 年 8 月 8 日。

3. 曾茂源：〈追尋・被遺忘行善團【悟真社】的足跡〉，《旗山奇》，網址：http://www.chi-san-chi.com.tw/2culture/db/moa_yuen/wu-jen-she/index.html，檢索日期：2014 年 8 月 8 日。

4. 曾茂源：〈日治時代羅漢外門蕃薯藔街庄（旗山）首任庄長莊塗先生事蹟〉，《旗山奇》，網址：http://www.chi-san-chi.com.tw/2culture/db/moa_yuen/drun_tou.html，檢索日期：2014 年 8 月 8 日。

5. 〈旗山八景〉，《旗山奇》，網址：http://www.chi-san-chi.com.tw/4playfun/tour/8scene/index.html，檢索日期：2014 年 8 月 8 日。

6. 〈已經不在的古蹟〉，《旗山奇》，網址：http://www.chi-san-chi.com.tw/8archi/index.htm，檢索日期：2014 年 8 月 8 日。

7. 〈台南新報復刻本〉，《政府出版品資訊網》，網址：http://open.nat.gov.tw/OpenFront/kids/gpnet_detail.jspx?gpn=1009801056，檢索日期：2014 年 8 月 8 日。

8. 〈台灣記憶──臺灣碑碣拓片──鼓山招魂碑文〉，《國家圖書館》，網址：http://memory.ncl.edu.tw/tm_cgi/hypage.cgi?HYPAGE=index.hpg，檢索日期：2014 年 8 月 10 日。

9. 江明樹：〈旗峰詩社的扛鼎詩人──蕭乾源〉，《旗山奇》，網址：〈http://www.chi-san-chi.com.tw/2culture/index.htm〉，檢索日期：2014 年 8 月 23 日。

10. 江明樹：〈旗峰詩社復社〉，《旗山奇》，網址：http://www.chi-san-chi.com.tw/2culture/index.htm，檢索日期：2014 年 8 月 23 日。

11. 曾宜中：〈日治旗山街役場資料研讀──日治政府對台地地方仕紳之放縱〉，《旗山奇》，網址：http://www.chi-san-chi.com.tw/2culture/db/jun_e/j_e_charn_landlord.html，檢索日期：2014 年 8 月 23 日。

12. 江明樹：〈旗山天后宮沿革〉，《旗山奇》，網址：http://www.chi-san-chi.com.tw/2culture/index.htm，檢索日期：2014 年 8 月 30 日。

13. 〈鷺洲雄風憶延平〉，網址：http://www.millionbook.net/xd/y/yiming/sjmc/ 021.htm，檢索日期：2014 年 12 月 10 日。

14. 陳胤：〈柳河的生與死〉，《2003 年彰化縣磺溪文學獎》。網址：http://river543. myweb.hinet.net/4a1.htm，檢索日期：2014 年 12 月 17 日。

15. 〈社員傳記──壹──曾笑雲〉，《瀛社社史》網址：http://www.tpps.org.tw/ forum/forum.php?mod=viewthread&tid=23，檢索日期：2014 年 12 月 17 日。

16. 曾景釗：《溪山嘯詠集》，《旗山奇》，網址：http://www.chi-san-chi.com.tw/ 2culture/db/jin_jwoa/c_san_shoaw/index.html，檢索日期：2014 年 12 月 23 日。

17. 〈台灣作家作品目錄：楊雨河〉，《國立台灣文學館》。網址：http://www3. nmtl.gov.tw/writer2/writer_detail.php?id=1970，檢索日期：2014 年 12 月 28 日。

18. 〈認識羅漢門〉，《高雄內門紫竹寺》，網址：http://www.nmzizhusi.org.tw/ fun.html，檢索日期：2015 年 2 月 8 日。

19. 曾茂源：「追尋七、八十年前旗山街一群被遺忘的先人奮鬥人物誌」，《蕉 心社刊》，2000 年 3 月 1 日。網址：http://www.chi-san-chi.com.tw/2culture/db/ moa_yuen/2000.3.html，檢索時間：2015 年 2 月 9 日。

20. 王雅儀：〈縱然相見未相識──隱身在《臺灣文藝叢誌》內的詩人們〉， 網址：http://www.lib.thu.edu.tw/newsletter/148-201401/page05.1.htm，檢索 日期：2015 年 2 月 16 日。

21. 〈台灣文學期刊目錄資料庫──台灣詩學叢刊〉，《國立台灣文學館》，網 址：http://dhtlj.nmtl.gov.tw/opencms/journal/Journal050/，檢索日期：2015 年 2 月 16 日。

22. 〈王則修〉，《搜韻》，網址：http://sou-yun.com/poemindex.aspx?dynasty= Qing&author=%E7%8E%8B%E5%88%99%E4%BF%AE&lang=t，檢索日 期：2015 年 2 月 19 日。

23. 殷章甫：〈土地改革〉，網址：http://hc.nccu.edu.tw/public/att/bbf26af38f243 f26e0ee77246048e8df.pdf，檢索日旗 2015 年 3 月 2 日。

24. 〈古蹟景點介紹：延平郡王祠〉，《台南市政府文化局古蹟營運科》，網址： http://culture.tainan.gov.tw/historic/form/index-1.php?m2=171&id=682，檢 索日期：2015 年 3 月 6 日。

25. 張華：《博物志》卷十，中國哲學書電子化計劃，網址：http://ctext.org/wiki.pl? if=gb&chapter=349587，檢索日旗：2015 年 3 月 14 日。

26. 《孔子家語·辯證》，中國哲學書電子化計劃，網址：http://ctext.org/kongzi-jiayu/bian-zheng/zh，檢索日旗：2015 年 3 月 14 日。

27. 曾中宜〈旗山大事記補充〉,《旗山奇》,網址:http://www.chi-san-chi.com. tw/2culture/index.htm,檢索日期:2015 年 4 月 12 日。

28. 曾景釗:〈創社過程〉,《旗山奇》,網址:http://www.chi-san-chi.com.tw/ 2culture/index.htm,檢索日期:2015 年 4 月 12 日。

29. 〈旗山名人堂——曾俊源〉,《旗山奇》,網址:http://www.chi-san-chi.com. tw/2culture/index.htm,檢索時間:2015 年 4 月 18 日。

30. 〈旗山名人堂——劉福雙〉,《旗山奇》,網址:http://www.chi-san-chi.com. tw/2culture/index.htm,檢索時間:2015 年 4 月 18 日。

31. 〈旗山名人堂——蕭振中〉,《旗山奇》,網址:http://www.chi-san-chi.com. tw/2culture/index.htm,檢索時間:2015 年 4 月 18 日。

32. 〈旗山名人堂——黃澤祥〉,《旗山奇》,網址:http://www.chi-san-chi.com. tw/2culture/index.htm,檢索時間:2015 年 4 月 18 日。

33. 曾景釗:〈蕭家樓古蹟夷平感賦〉,《旗山奇》,網址:http://www.chi-san-chi.com.tw/2culture/index.htm,檢索時間:2015 年 4 月 18 日。

34. 江明樹:〈得月樓頭冷月懸 劉福麟的古典詩〉,《旗山奇》,網址:http://www.chi-san-chi.com.tw/2culture/db/f_lin/index.html,檢索日期:2015 年 4 月 19 日。

35. 〈賣捌所〉,《文化部——全國藝文活動資訊》,網址:http://event.moc.gov.tw/ct.asp?xItem=1892116&ctNode=730&mp=1,檢索時間:2015 年 5 月 22 日。

36. 最高法院民事判例:「裁判字號:52 年台上字第 1719 號/案由摘要:清償票款/裁判日期:民國 52 年 6 月 15 日」,網址:http://mywoojda.appspot.com/j5m/j5m?id=1063,檢索日期:2015 年 5 月 23 日。

37. 〈1932 年旗山大事〉,《旗山奇》,網址:http://www.chi-san-chi.com.tw/ 2culture/db/big_event/1900-1999/1932.html,檢索日期:2015 年 7 月 10 日。

六、報刊雜誌

1. 《漢文台灣日日新報》,第 2603 號,明治 40 年 1 月 8 日,第 5 版。

2. 《漢文台灣日日新報》,第 2898 號,明治 40 年 12 月 28 日,第 2 版。

3. 《台灣民報》,第 253 號,昭和 4 年 3 月 24 日,第 7 版。

4. 《台灣民報》,第 264 號,昭和 4 年 6 月 9 日,第 7 版。

5. 《台灣新民報》,第 371 號,昭和 6 年 7 月 4 日,第 2 版。

6. 《臺灣風物》第 11 卷第 6 期,1961 年 6 月 30 日,頁 3～27。

7. 《中華日報》,2001 年 12 月 11 日,第 10 版。

附錄一：《資生吟草》詩文內容 [註1]
（依詩作時間順序）

時間	詩作內容
1930 年 （昭和 5 年） 庚午 （蕭乾源 17 歲）	〈樓上晚眺〉　　庚午年　七絕侵韻 獨坐樓台對夕陰，遙看天際暮雲侵。聲聲杜宇幽窗外，動我離情是此禽。 　　　　　　　　七絕陽韻 遠望雲山景色蒼，清風拂檻晚來涼。一行白鷺南飛去，無那鄉心欲斷腸。 〈七夕〉　　庚午年　七絕蕭韻 年悵隔幾魂消，今夜佳期會鵲橋。天上人間同慨嘆，悲歡離合總心焦。 有恨天孫嘆寂寥，也應歡喜會今宵。離愁且莫終頭言，只恐佳期轉眼消。 　　　　　　　　七絕歌韻 此夜女牛（雙星）喜恨（若）何，一年一會鵲填河。佳期肯許將頭算，應比人間伉儷多。 　　　　　　　　七絕先韻 誠心獻菓玉階前，夜靜焚香祝老天。婦女家家爭乞巧，也應盡許締良緣。
	〈鼓山春月〉　　庚午年　七絕庚韻 拾級登來月色清，名山花草映分明。徘徊人在東風裡，無限吟懷爽氣生。 〈中秋泛月〉　　庚午年　七絕先韻 萬里清光水接天，當頭玉鏡十分圓。人生幾度逢秋節，乘興輕舟夜不眠。

〈牡丹花〉　庚午年　七絕東韻

富貴花開色艷紅，生來傲骨笑春風。當年武后能無貶，獨占花魁冠漢宮（獨佔群芳擅漢宮）。

〈九日懷友〉　庚午年　七絕支韻

登高此日憶分離，況復龍山落帽時。花艷籬東秋欲晚，故人依舊在天涯。

〈祝雙十節〉　庚午年　七絕蒸韻

十八年來國祚興，睡獅已醒足休徵。完成革命孫公志，介石英雄獨繼承。

七絕歌韻

江山錦繡欲重光，革命英賢歲月忙。我願干戈從此息，興師擁蔣解冰霜。

〈從良妓〉　庚午年　七絕尤韻

金縷歌聲從此停，而今不羨錦纏頭。乘龍喜配佳公子，琴瑟和鳴鳳願（互唱）酬。

七絕先韻

悔恨秦樓露水緣，管絃徹夜怎成眠。從茲遂願從良去，借詠關雎第一篇。

七絕東韻

超昇苦海謝蒼穹，願爲偏房忍寸衷。大婦倘能翻醋甕，問君是否怕河東。

七絕蕭韻

好拋歌扇付江潮，皮肉生涯恨已消。從此春藏金屋裡，香衾同度合歡宵。

七絕東韻

捨卻琵琶習女紅，此身幸脫火坑中。而今嫁作商人婦，雙宿雙棲樂亦融。

〈鏡中花影〉　庚午年　七絕庚韻

月影冰華一樣清，簡中穠艷照分明。幾疑西子臨粧鏡，相對嫣然百媚生。

七絕灰韻

菱花鏡裡絕塵埃，艷影分明數朵開。最是婆娑嬌欲語，了無芳氣襲風來。

〈榴火〉　庚午年　七絕先韻

艷鬪胭脂面欲然，花開赤帝正司權。江山簇簇楓林襯，疑是紅霞染大千。

〈賈誼〉　庚午年　七絕陽韻

華政上書憂七國，憐忠作賦弔三湘。長沙謫去空悲憤，禮樂終難冠李唐。

七絕支韻

葵心空向日斜時，萬右長沙過客悲。憂國上書難華政，漢文有道竟狐疑。

〈春日呈黃志輝詞兄〉　庚午年　七律先韻

東風嫋嫋百花鮮，李白桃紅另樣妍。惟羨鴻才能揭地，每慚雀志不掀天。
尋春詞遣芳郊外，訪艷閒消神社邊。安得騷人聯雅會，拋磚引玉締吟緣。

〈驪歌〉　庚午年　七絕虞韻

灞岸數聲吹竹笛，離亭一曲唱驪駒。青萍出匣人爭賞，何慮前程客夢孤。

樽前欲別唱驪駒，一路金風送玉軀。未忍雲山人兩地，臨岐惆悵淚如珠。

野店分襟留寶劍，長亭折柳醉瓊酥。陽關未忍歌三疊，露冷西風一棹孤。

瀟瀟秋雨送前途，一曲驪歌別恨孤。聞道江南風味好，留君無計負尊鱸。

〈燈篙〉　庚午年　七絕先韻
長竿搖曳數燈懸，照徹幽冥誰唱先。陋習豈因唐作俑，蘭盆勝會繼年年。
　　　　　　　七絕庚韻
一竿懸掛數燈明，普照陰陽兩道清。習俗至今猶未改，中元依例尚高擎。
　　　　　　　七絕青韻
長竿高掛數燈青，明滅何曾照鬼形。他日維新除舊俗，冥途黑暗豈難經。

〈凍頂茶〉　庚午年　七絕齊韻
凍頂茗芳好品題，新泉活火曉煙迷。盧仝七碗今何在，空負龍芽勝建溪。
　　　　　　　七絕佳韻
當年漫道鴉山好，今日須知凍頂佳。病渴文園能再世，也應一碗爽高懷。

〈問槎〉　庚午年　七絕尤韻
聞說天河接海流，靈槎誰乘廣寒遊。太虛昔日人曾賞，是否橋邊會女牛。

滄海銀河水接流，乘槎誰到碧空遊。果然天地交通得，待會嫦娥願可酬。

〈秋懷〉　庚午年　七絕尤韻
虛渡韶光十八秋，黃花爛熳思悠悠。即今蕭瑟西風裡，斷續聲蟬動客愁。
　　　　　　　七絕侵韻
獨倚欄杆暮色侵，蒼茫空際雨煙沉。一行白雁飛何急，無那鄉心感不禁。

花開三徑艷黃金，攜酒邀朋籬畔斟。自恨他鄉淪落客，尊鱸正美故園心。

〈訪菊〉　庚午年　七絕虞韻
為訪黃英開也無，淵明三徑我先趨。持螯把酒籬邊賞，吐萼葳蕤艷不殊。

〈浮萍〉　庚午年　七絕尤韻
未定行蹤任水流，隨風飄送去悠悠。恨渠北馬南船急，細草浮生無限愁。

〈除夕書懷〉　庚午年　七絕真韻
飄泊他鄉老此身，遙憐楊柳故園春。今宵盡興忘年酒，明日歡迎歲月新。
　　　　　　　七絕支韻
歲月如梭鬢欲絲，英雄遲暮美人思。可憐多少飄零客，此夜寧無故國悲。
　　　　　　　七絕先韻
臘鼓鼕鼕思悄然，桃符今夜換新年。屠蘇拚把如泥醉，消卻家山百慮纏。

〈步志輝兄原玉〉　庚午年　七絕真韻
拜誦瑤箋滿紙春，知君到處有芳鄰。滄桑世態浮生夢，任彼傍人說富貧。

芝宇睽違兩度春，頻思移宅結芳鄰。花晨月夕聯吟好，白眼看他富與貧。

	〈鳳聲〉　庚午年　七絕庚韻
	不同百鳥喚聲聲，七德來儀應瑞鳴。逸韻悠揚翔彩羽，呈祥宇內慶昇平。
	賀世歸昌韻總清，朝陽音徹慶和平。當年鳴盛岐山兆，瑞應姬周帝業成。
	〈恨人〉　庚午年　七絕庚韻
	熱血盈腔恨此生，有心救國願難成。即今蠶食神州遍，切齒強胡孰可平。 七絕陽韻
	浮生若夢嘆滄桑，運命由天隱恨長。憤慨中原還逐鹿，英雄熱淚灑江湘。 七絕真韻
	營謀未遂忍艱辛，才學文通本恨人。我亦黃龍思痛飲，從戎有待破強秦。
	〈長命縷〉　庚午年　七絕支韻
	誰道端陽繫此絲，傳來陋習果堪嗤。倘教續命憑斯縷，八百彭鏗壽不奇。
	〈旗山橋晚眺〉　庚子年　七絕東韻
	為愛長橋夕照紅，憑欄縱眼望遙空。纔經雨後風光好，旗尾山頭掛彩虹。
	徘徊人在霸頭東，白鷺橫天陣陣紅。山下牧童驅犢返，樵歌互答晚煙籠。
	〈筆刀〉　庚午歡迎石儷玉女士小集　七絕東韻
	一枝彤管劇鋒鋩，斬惡誅奸倍武功。莫睨鼠鬚身短小，虎臣未必勝斯雄。 七絕支韻
	莫怪毛錐勝鐵錐，鋤奸不遜斬蠻師。文場爭霸尋常事，利在千軍曾掃之。
	〈春日登山〉　庚午新年聯吟　七絕先韻
	踏雪尋梅上碧巔，隴頭疎影閒芳妍。何妨繫酒騎驢背，也似前身孟浩然。
	杖藜扶我上巖巔，煙樹晴嵐別有天。最是梅花春爛熳，枝南枝北雪爭妍。
	興來理屐覓芳妍，踏盡蓬萊第幾巔。淑氣春光無限好，嶺梅耐冷惹人憐。
1931 年 （昭和 6 年） 辛未 （蕭乾源 18 歲）	〈春遊〉　辛未年　七絕庚韻
	花紅柳綠鬧芳城，浩蕩風光吟意萌。聞道南枝春爛熳，馬蹄又向隴頭行。
	〈春日遊太平寺〉　辛未年　七絕尤韻
	梵宮勝蹟自千秋，磬韻魚聲入耳悠。真個鼓山幽靜境，何須豹隱覓丹邱。
	〈苦熱〉　辛未年　七絕蒸韻
	鎮日炎炎熱氣蒸，汗珠似雨苦難禁。廣寒未許俗人避，沉李浮衣何處能。
	大地烘烘暑氣騰，納涼無計卻炎蒸。何當一滴垂楊水，灑遍塵寰冷似冰。
	〈閒居〉　辛未年　七律微韻
	不求榮祿故園歸，茅舍柴門日掩扉。三徑菊松情繾綣，滿窗風月興遄飛。 林泉心逸知今是，仕宦形勞覺昨非。富貴浮雲何足羨，逍遙世外好忘機。 七律庚韻
	解印攜琴樂此生，竹林深震好逃名。春來園裡偕花醉，秋到庭前弄月明。 閒向巖泉臨水釣，晚看山雨潤田耕。當年悟徹趨炎苦，漱石枕流冷宦情。

七律支韻

竹屋茅齋願可怡，何須大廈擁嬌姬。千竿繞宅風光好，五柳垂門春色宜。
煮酒彈琴邀月醉，栽梅種菊作花癡。功名自古南柯夢，豹隱山中任歲移。

〈代碧珠女校書答輕情郎〉　辛未年　七絕陽韻

隨風弱柳任顛狂，悞托終身輕薄郎。井白無勞儂苦作，怕人譏誚小姨娘。

去年悔作小姨娘，大婦爭風鬧幾場。莫笑楊花成痼性，舒開巨眼再從良。

浮沉苦海嘆滄桑，心緒如麻春恨長。輾轉夜闌人不寐，挑燈悶坐讀西廂。

七絕支韻

西廂讀罷詠唐詩，吟到西宮句轉悲。我不紅顏偏命薄，滿懷愁恨訴阿誰。

〈贈蕙蘭女校書〉　辛未年梅月玉珠出閣日　七絕蕭韻

久聞粉黛擅南朝，蛴首蛾眉別樣嬌。真個傾城傾國色，老僧一見也魂消。

七絕刪韻

緣何薄命註紅顏，舊恨新愁何日刪。最是月圓人靜後，為郎心緒鑽眉彎。

七絕庚韻

琵琶一曲恨餘生，每訴衷情淚雨傾。底事媧皇難補綴，情天缺陷誤卿卿。

七絕真韻

憐卿孽海尚沉淪，金屋難藏獨愴神。莫認青年多薄倖，愛花原是惜花人。

七絕先韻

花難長好月難圓，惆悵伊人亦自憐。有石情天何日補，卿卿我我恨綿綿。

〈代蕙蘭女校書作〉　辛未年　七絕先韻

淒風愁雨打窗前，恨海何時衛石填。天只生人情便了，多情多恨有誰憐。

七絕蕭韻

秦樓風月可憐宵，苦海茫茫恨怎消。滿地落花春欲晚，憐□人杳每心焦。

七絕庚韻

斜抱雲和對月明，新愁未解舊愁縈。飄零孽海情無奈，豈願長留博艷名。

夜闌人靜月三更，綺恨重重心上縈。作繭春蠶終自縛，唱隨何日了殘生。

〈再贈蕙蘭女校書〉　辛未年初秋　七律庚韻

獨占花魁擅艷名，蕙蘭尤物應傾城。蛾眉可奪春山黛，皓齒能教美玉清。
楚館愁增風月恨，巫山羞殺雨雲情。叮嚀莫負從良約，願共雙棲樂此生。

〈中秋玩月〉　辛未年　五律先韻

誰磨新寶鏡，皓彩耀中天。玉宇秋光冷，瓊樓夜氣鮮。
團圓千里共，美滿十分妍。我愛登高望，清輝遍大千。

五律寒韻

秋色平分夜，冰輪湧遠巒。銀河蟾影淨，雲漢鏡光寒。
大地凝金露，中天轉玉盤。清輝人共賞，翹首獨憑欄。

	〈秋江盟鷗圖〉　辛未年　七絕東韻
	一幅丹青點綴工，成群鷗鷺夕陽中。尋盟江上相親好，添寫蘆花弄晚風。
	纖細一幅畫來工，戲水群鷗樂意融。相近相親疑雨後，夕陽江上掛長虹。
	〈蠅〉　辛未年　七絕東韻
	夏日多生污穢中，每趨臭味響雷同。搖唇鼓翅傳黴菌，萬病因他屬疫雄。 七絕庚韻 平生嗜臭又趨腥，引類呼朋鼓翅鳴。驥尾莫教能附托，恐傳黴菌滿東瀛。
	〈敬步韻琛先生贈蕙蘭原玉〉　辛未年　七絕庚韻
	驪姬漫道擅芳名，色藝雙誇傾國城。□底艷蓮生濁涸，紅顏薄命可憐卿。
	〈贈鸚妓月仙〉　天外天內辛未年　七絕麻韻
	藝精貌美玉無瑕，妓女生涯未破瓜。月夜琵琶彈綺恨，仙風飄渺入即家。 七絕先韻 真是蟾宮月裡仙，相逢有幸贈吟篇。倘教得許終身約，勝都痴思天外天。 七絕真韻 斷髮時粧亦可人，秋波底事善傳神。天生尤物多情種，恐有漁郎待問津。
	〈無題〉　七絕支韻
	多情未慣久分離，腸斷當年月下時。彤管苔箋頻寫恨，問卿何日慰吟思。 七絕尤韻 殘燈孤影夜悠悠，鳳願難酬悶倚樓。明月團圓人尚缺，不勝離恨上眉頭。
1935 年 （昭和 10 年） 乙亥 （蕭乾源 22 歲）	〈寄懷志輝兄〉　乙亥年　七絕微韻
	殘春握別雨霏霏，折柳長亭魂欲飛。底事駒光如駛急，榴花紅艷滿墻圍。 七絕先韻 秋水伊人眼欲穿，文旌何日再言旋。雲山渺渺空遙望，惆悵高雄海角天。
	〈竹山亭偶感〉　乙亥年晚秋　五絕歌韻
	此地昔曾過，蟬聲鳥語多。青山依舊在，人事嘆蹉跎。
	〈端午懷鷺江國清兄〉　乙亥年　七絕支韻
	端陽此日憶分離，細雨絲絲似淚垂。聞道鷺江衣帶水，時時引領望天涯。 七絕蕭韻 吟樓獨坐寂無聊，惆悵離愁何日消。頻倚欄杆搔首望，鷺門渺渺水雲遙。 七絕陽韻 暮雲春樹感淒涼，一日三秋幾斷腸。惟願晨昏須奮勉，學成名就早還鄉。 七絕青韻 故國睡獅正欲醒，佇看怒吼震雷霆。即今錦繡江山裡，兵燹哀鴻不忍聽。
	〈馬跡〉　乙亥旗峰擊鉢　五絕
	騎驢纔過客，踐處認痕初。南北鴻泥遍，萍蹤自笑余。
	落花遭踏盡，印象屐痕如。省識五陵少，銀鞍過此初。

	〈夜坐〉　乙亥旗峰小集　七絕蕭韻 良朋三五會良宵，環坐談天逸興饒。當酒有茶頻剪燭，何妨話柄續明朝。 新愁舊恨覺心焦，誦罷西廂感寂寥。明月有情常不滿，可憐人坐可憐宵。 芭蕉窗外雨瀟瀟，孤影殘燈嘆寂寥。迴誦伊人腸斷語，多情忍冷坐長宵。
	〈笑花〉　乙亥旗峰小集　絕庚韻 枝枝穠艷自輕盈，相對嫣然百媚生。最是千金難買得，楊妃一倩更多情。 秀靨嫣然百媚生，癡心我也喜逢迎。可憐烽火歡褒姒，喪盡江山太不情。
	〈爭杯〉　乙亥旗峰小集　七絕先韻 拇戰終宵興倍然，杯杯誰肯讓人先。如何不籍爭杯力，拚向中原擁主權。 滿堂醉客各爭先，爲奪香醪鬧綺筵。世事浮沉生若夢，玉山頹處樂陶然。
	〈心花〉　乙亥旗峰小集　七絕灰韻 愁日蕊含喜日開，時教熱血善滋培。料知智舍深藏護，未許狂蜂浪蝶摧。 不向園中爭媚開，歡時稱意燦靈台。時時智水滋培好，豔蕊丹紅絕點埃。
	〈種菊〉　乙亥旗峰小集　五律先韻 柴桑追隱士，移植廢餐眠。嫩葉殷勤護，新根仔細邊。 還期三徑艷，有待九秋妍。佇看花開日，邀朋醉幾天。
1936 年 （昭和 11 年） 丙子 （蕭乾源 23 歲）	〈壽翁〉　丙子菊月祝朱阿葉壽誕擊鉢　七絕眞韻 此老修來五福臻，龜齡鶴算世堪珍。羨翁矍鑠龍鍾態，也似參天古柏春。 此老年高世所珍，幾疑彭祖是前身。壽星南極長輝燦，五福三多享萬春。 齒德俱尊近百春，童顏鶴髮顯精神。古來仁者偏多壽，朱老堪推第一人。
	〈寄懷阮文仁先生〉　丙子年　七律尤韻 神州歸去五經秋，地北天南萬里悠。春樹暮雲縈別緒，花晨月夕感離愁。 詩書愧我深藏拙，品學如兄獨擅優。祖國需才今正急，合當投筆覓封侯。
	〈懷友〉　丙子年　七絕尤韻 暌違一日思三秋，渭北江東兩地悠。每憶西窗同剪燭，何時愿遂訪遠舟。
	〈秋聲〉　丙子旗峰擊鉢　七律庚韻 肅殺西風四野鳴，幾疑萬馬戰荒城。誰家寒杵三更急，何處疎鐘五夜清。 竹雨頻敲無限恨，松濤時湧不平聲。歐公有賦同悽切，獨倚欄杆月正明。 側耳西南鐵馬征，銀河耿耿月光明。雁聲斷續猿聲唳，蟬韻淒涼蛩韻鳴。 萬戶寒砧催夢醒，誰家玉笛惹愁生。滿懷恨緒增多少，惱殺香閨遠戍情。
	〈蔗苗〉　同高雄州下聯吟會　七絕冬韻 旁生側出綠初濃，時見耘培是蔗農。他日節高甘到尾，一枝倒啖爽吟胸。

1937 年 （昭和 12 年） 丁丑 （蕭乾源 24 歲）	〈敬步文仁兄原玉〉　丁丑年　七絕眞韻 營謀未遂嘆沉淪，愁緒縈懷何處申。世事滄桑無限感，好尋幽境隱吟身。 <div align="center">七絕陽韻</div>憂憤盈腔每欲狂，幾番敗北困商場。無顏自古黃金盡，冷暖人情任彼蒼。 <div align="center">七絕刪韻</div>敲膚吸髓感台灣，遍地哀鴻未忍看。祖國風雲今正急，此身何處得開顏。
1942 年 （昭和 17 年） 壬午 （蕭乾源 29 歲）	〈檳榔樹〉　壬午旗美課題　七絕蒸韻 參天鳳尾勢凌凌，大節孤高屈未能。安得化成管城子，掃清煙霧淨雲層。 〈濃山秋景〉　壬午中秋既望廣善堂雅集　七絕庚韻 濃山秋色十分明，萬壑千崖入眼清。瑟瑟西風斜照外，綠林（丹楓）翠竹爽吟情。 聳翠濃山景色清，蟬聲鳥語鬧秋晴。峰頭俯視吟懷爽，美麗村莊雲下明。 〈月影〉　壬午旗美課題　七絕青韻 一輪玉鏡碧瓏玲，疊疊花痕印滿庭。夜半清光分外皎，古梅寫（斜）照入疎櫺。 〈春耕〉　壬午旗美課題　五律先韻 二月東風暖，農家有事傳。犁扶青豆地，犢叱緣菁天。 除草勤南陌，分秧急北田。幸逢新雨足，歡待祝豐年。 青帝正司權，三農好力田。一犁春水足，滿眼稻秧妍。 沃地東風暖，沾衣杏雨綿。黎民欣盛世，擊壤頌堯天。 銃後勤農事，躬耕二月天。前村忙插蔗，鄰舍急鋤田。 蕉葉連阡綠，秧尖出水妍。秋收期大有，增產應加鞭。 〈春雪〉　壬午旗美課題　七絕眞韻 豐年有兆喜農民，六出繽紛報好春。最是蟾光添瑞彩，江山萬里白如銀。 〈善堂初會〉　冠頂　壬午年　七絕灰韻 善締詩緣勝地來，堂皇旗鼓鉢聲催。初逢吟侶皆瀟灑，會聚何妨醉幾杯。 善寺騷人白戰開，堂中撮影喜叨陪。初逢滿座忘年友，會勝蘭亭快樂哉。 〈黃花酒〉　壬午重九蛇山雅集　七絕支韻 攜來綠螘向東籬，正是騷人對菊時。一飲能教香舌齒，葳蕤佳釀醉方知。 採得黃花八月宜，製成佳釀待佳期。山妻偏解儂心事，約醉東籬對菊時。 重九黃英爛熳時，白衣勞送醉東籬。生來我有劉伶癖，那管傍人笑酒癡。

1943年 （昭和18年） 癸未 （蕭乾源30歲）	〈醉菊〉　癸未旗峰課題　七絕青韻 惜花有癖幾忘形，日醉東籬不願醒。萬種顛狂非在酒，傍人莫認作劉伶。 月下醺酣狂李白，罏中酩酊醉劉伶。玉山頹盡知多少，我爲黃花怎願醒。 霜葩雪蕊燦幽庭，攜友提壺樂性靈。我也愛花兼愛酒，如泥鎮日覺忘形。 〈探梅〉　癸未旗美課題　七律先韻 聞道孤山芳訊傳，寒驢盡日訪逋仙。煙迷庾嶺幽香淡，雪滿羅浮瑞色妍。 涉水穿雲情繾綣，尋詩覓句興流連。吟鞭轉向隴頭去，喜見南枝數朵鮮。 天寒冒雪到山巔，爲愛羅浮春色妍。喜見冰姿迎客笑，遙看疎影得人憐。 龍頭攜經尋和靖，駝背搜詩學浩然。未忍延平祠畔過，花開依舊霸圖邊。 〈魚梭〉　癸未旗美課題　七絕文韻 穿波織浪往來勤，潑刺揚鰭得意欣。恰（也）似鶯梭（兒）飛擲急，天機活動日紛紛。 擲柳誰誇黃鳥巧，穿波我愛赤鱗勤。倘教織就龍宮錦，海國經綸稱絕群。 水底波心穿織絲，也同黃鳥擲梭勤。銀鱗學得天孫技，日向江河織錦紋。 〈江風〉　癸未旗峰課題　七律東韻 一片滄茫九派通，封姨鎮日逞威雄。頻翻巨浪成（疑）天塹，時激（湧）奔濤幻雪嵩。數陣海門推急雨，幾番浦口拂斜蓬。癡心我欲追宗慤，獨立江頭待御風。 怒號江上大王雄，漫比虩花小女同。鼓動銀波翻雪浪，狂飄岸柳舞堤楓。吹來海角雲心急，拂向山頭雨意籠。拔劍王閶何處去，風波萬里感無窮。 〈鶯聲〉　癸未旗美課題　七律侵韻 綿蠻鳥語出幽林，知是遷喬得意音。日暖風和聲逸雅，喉柔舌嫩韻悠沉。枝頭似鼓金絃瑟，葉底如彈綠綺琴。柳色舒青花艷媚（競艷），好攜柑酒聽清吟。 黃鳥應知青帝臨，頻翻簧舌鼓歡心。間關韻巧啼紅樹，睍睆聲柔囀綠陰。最愛枝殊曾見影，可憐葉密只聞音。閨中有婦遼西夢，遮莫倉庚得意吟。 〈燕剪〉　癸未旗美課題　七律覃韻 呢喃燕子喜回南，玉剪頻翻處處探。漫比并刀開蜀錦，不同利刃切吳藍。烏衣巷口斜飛好，白玉樓前對舞耽。風雨滿城春欲晚，裁花鏤柳意偏酣。 香泥日日補巢銜，海國歸來月近三。簾外斜飛翻上下，堂前對舞語呢喃。穿風斷雨翎刀利，鏤柳刪花玉剪堪。不遜并州誇快銳，裁成錦繡大江南。

	〈裁雲〉　癸未旗美課題　七律微韻 天孫手段是耶非，分割氤氳嶺上飛。片片幾疑飄玉帶，重重恰似剪羅衣。 裁成錦繡風刀巧，織就文章雨線微。變幻無心空作勢，豈因龍虎展神威。 無心出岫疊崔嵬，擬待從龍天際飛。風剪鏤開成舞服，雨絲穿就幻戎緋。 彩分華蓋功稱著，艷比霓裳妙入微。朵朵裁刪思韻事，唐宮承寵想楊妃。
	〈柏酒〉　癸未年旗美元日小集　七絕支韻 漫道黃花佳釀奇，漫來柏葉避邪宜。元正我也隨迷信，欲避凶災醉不辭
	〈歸燕〉　癸未年　七絕肴韻 海國縈回尋故壘，芹泥頻啄築新巢。樑間底事呢喃語，應有離愁別恨交。 燕子歸來春滿郊，疑曾相識舞堂坳。故窩無恙雙棲穩，時聽呢喃艷語交。 海上回來社日交，雙雙猶戀去年巢。羨他真個多情種，王謝凋零未忍拋。
	〈冬暖〉　癸未旗美課題　五律尤韻 歲暮冰霜絕，寒威驀地收。人欣傾麥酒，我喜脫棉裘。 旭日烘書閣，午風煖畫樓。回家增勇氣，叱犢滿平疇。 趙□真可愛，煖氣佈全球。積雪融山上，疏梅艷隴頭。 擁爐慊熱炭，著体怕重裘。追憶蘆衣閔，如今且莫憂。 朒鼓鼛鼛裡，江山煖氣流。漫教添獸炭，奚用換貂裘。 料有搜詩客，應無踏雪儔。玄冥威未展，萬象正如秋。
	〈夜漏〉　癸未旗美課題　七絕庚韻 自古阿誰善發明，銅壺貯水計魚更。終宵入耳丁東響，也似時鐘報刻精。
	〈秋光〉　癸未旗美擊鉢　七律東韻 井梧葉薄正秋風，蘆白楓丹點綴工。雨霽煙凝千嶺翠，日斜霞映滿江紅。 夜闌星斗珠光閃，雲靜寰球月色融。我愛尋詩閒散步，身隨花影印離東。 蕭瑟西風夕照紅，餘輝瀲灩襯丹楓。蘆花閃閃翻金浪，晚雨瀟瀟貫彩虹。 十二樓台迷幻裡，三千世界滅明中。詩人惟愛團圓月，入夜清光滿大同。
1944 年 （昭和 19 年） 甲申 （蕭乾源 31 歲）	〈垂釣〉　甲申旗美課題　七絕元韻 一蓑煙雨釣江門，注視絲綸逐浪翻。但願上鉤三尺鯉，歸來沽酒樂忘煩。 蘆花深處坐黃昏，為釣翻江千歲黿。莫笑垂竿無大志，興周八百太公尊。
1949 年 （民國 38 年） 己丑 （蕭乾源 36 歲）	〈追懷朱阿華老先生〉　己丑中秋既望　七律陽韻 太息先生壽且康，龍山豹隱幾滄桑。橫秋老氣依然在，大夢難醒惹恨傷。 滿架詩書留紀念，一庭蘭桂繼流芳。即今往事空追憶，翰墨緣深欲斷腸。 念載交遊文墨場，忘年莫逆誼偏長。記曾同赴雄州會，也共聯吟廣善堂。 話到投機頻莞爾，醉餘豪興每清狂。杖朝晉二登仙錄，往事重提倍感傷。

	每讀遺詩每感傷,騎鯨人去赴修郎。當年遯世蛇山宅,往日消閒翰墨場。 劫歷紅羊身益健,友因白戰誼偏長。童顏鶴髮今何在,惟剩荒墳臥夕陽。 〈甘露寺取婿〉　己丑旗美擊鉢　七絕江韻 心機徒費嘆周郎,賠了夫人又折艭。假弄姻緣真撮合,千秋艷事說吳江。 公瑾奇謀招蜀婿,使君應策得吳□。果真大耳兒多福,冒險偏成鳳締雙。 佛前相婿使君慢,天幸龍顏世不雙。諸葛神機喬老策,功成佳偶脫吳邦。
1951年 (民國40年) 辛卯 (蕭乾源38歲)	〈辛卯詩人節紀念鄭成功〉　辛卯全國詩人大會課題　七律東韻 騷人佳節拜遺風,追念孤臣貫日忠。不屈滿奴飄海外,長驅荷鬼據瀛東。 軍防律政傳奇績,教化農工頌偉功。民族英雄推第一,應將寶像鑄金銅。 〈臺灣是民主自由之燈塔〉　辛卯全國詩人大會課題　七律陽韻 巍巍巨塔屹台疆,民主燈明照八荒。漆黑神州凭朗耀,昏迷華夏藉烽煌。 光穿鐵幕驚俄鬼,電閃金蛇慄赤狼。中正稜威同燦爛,反攻指日凱歌揚。 　　　　　　　　辛卯全國詩人大會課題　七絕庚韻 民主燈光放自由,清輝炯炯照寰球。反攻基地標明識,莫有迷津逆浪舟。 自由民主佈鯤瀛,應似燈台四射明。大陸風雲多黑暗,願分一線照前程。 〈恭祝蔣總統六五華誕〉　辛卯　七律先韻 欣逢辛卯小陽天,恭祝遐齡六五年。舉世同歡傾北海,盟邦共慶頌南巔。 獻身黨國英模著,克難功勳偉業傳。兆庶效忠齊蹶起,反攻指日凱歌宣。 〈辛卯詩人節懷沈斯菴〉　全國詩人大會課題　七律先韻 辛卯端陽憶大賢,沈公偉業挽回天。瀛洲始祖推文獻,明室功臣入史編。 民族維揚宣正氣,國風遠佈掃螢煙。延平氣節同堪仰,府誌留名萬古傳。 〈畫中美人〉　辛卯旗美課題　七律支韻 居然艷影十分宜,杏臉桃唇白雪肌。欲活精神疑倩女,如生眉黛如驪姬。 毫端點綴傾城貌,紙上娉婷絕世姿。我愛書軒懸一幅,也堪入夢慰吟思。 一幅風流艷畫宜,十分春色個中披。乳峰高聳幾無掛,玉體豐盈神欲馳。 疑是楊妃經晚浴,恍如西子正幽思。阿誰妙筆堪稱絕,費殺痴人欲染脂。 〈眉齊雙壽〉　祝新化王則修先生辛卯年　七律先韻 真個蓬萊不老仙,虎溪雙壽福綿綿。騰芳蘭桂盈庭秀,競茂椿萱晚節堅。 祝嘏詩章來接踵,稱觴珠履到連蹁。中天南極同輝燦,兆慶眉齊逾百年。 〈日出東方〉　祝鍾啟先當選美濃鎮長　辛卯五律陽韻　(避眼) 纔分天地色,五彩燦東方。金鏡輝三嶋,銅鉦耀八荒。蒼生沾惠德,萬 物浴恩光。從此群陰伏,昇平兆可慶。 咸池纔浴罷,晃朗耀青方。群庶傾葵藿,蒼生沐旭光。 彩霞明錦繡,瑞靄絢文章。龍肚鍾靈秀,迎曦鳴鳳祥。

	〈觀海〉　辛卯旗美課題　七絕先韻 汪洋萬里水連天，駭浪驚濤澎湃旋。大澤橫流傷世態，狂瀾能挽有誰先。 萬里滄茫鎖曉煙，蜃樓海市幻眸前。狂濤怒吼緣何事，豈是靈胥恨未眠。 海門風緊水滔天，巨浪千層眼欲旋。世事桑田同慨嘆，古今淘盡幾英賢。
	〈旗美吟會拾週年紀念〉　辛卯　七絕支韻 旗鼓堂皇十載移，美誇韻事繼南皮。吟朋太息朱黃逃，會運重興志莫疲。 扢雅揚風樹鼓旗，融和廣福共維持。扶輪大雅期長繼，勝會千秋竹帛垂。
	〈滿地紅〉　辛卯年　七絕東韻 革命功勳震大同，獻身黨國總為公。而今白日青天下，先烈精忠血染紅。 救國捐軀氣節雄，拼將熱血濺革中。江山依舊漢民主，萬古稱揚革命功。
	〈角黍〉　辛卯全國詩人大會擊鉢　七絕陽韻 包來菰米滿盤香，歲歲端陽吊國殤。好把鋒鋩圭角利，打回大陸刺俄狼。
	〈萱草春〉　祝雙麟令堂七一榮壽辛卯仲春課題　七絕先韻 雅號宜男態若仙，獨超凡卉艷陽天。滿階蘭桂同欣舞，合應稱觴入壽篇。 春光獨占北堂前，瑞葉祥花點綴妍。寸草慈輝閨閣秀，滿門福祿永綿綿。
	〈謹步雙麟玉韻並祝〉 蘭孫桂子滿階前，七一遐齡福壽綿。惟願高堂長健在，年年好頌九如篇。 東風二月帶春寒，江夏兒孫戲彩歡。珠履三千恭祝嘏，瓊醪陶醉臉霞丹。
	〈菽水供親〉　祝雙麟令堂七一榮壽擊鉢錄　七絕寒韻 子道真誠親自寬，一杯菽水可承歡。前賢孝行當堪仰，千古名揚史冊刊。
	〈太平鼓〉　辛卯旗美課題　七絕冬韻 民安國泰樂豐農，鼉吼淵淵雅韻濃。海島年年歌大有，笙簧協奏慶時雍。 眾樂恭和奏九重，聲喧禁外響蓁蓁。欣知盛世昇平樂，擊壤群黎到處逢。
1952年 (民41) 壬辰 (蕭乾源39歲)	〈筆鋒〉　壬辰旗美課題　七律豪韻 凜凜中書氣自豪，那堪輕擲慕封褒。鼠鬚不遜鋼錐銳，兔尾何殊麟角毫。 尖露文壇誇倚馬，鋒臨學海應占鼇。倘教穎突青天外，好向神州掃匪毛。 縱橫一掃萬軍逃，瑞彩曾干氣象豪。黑陣爭鋒誇兔尾，詞場制霸逞狼毫。 文通入夢才因富，定遠封侯志可褒。畢竟除奸兼刺佞，毛錐功倍快金刀。
	〈雨意〉　壬辰鳳山課題　七絕冬韻 黑雲漠漠擁層峰，宇宙居然潑墨濃。知是天心工醞釀，甘霖欲沛洗塵封。 乾坤暗淡濕雲濃，穩穩輕雷發九重。天憫神州遭赤禍，銀河欲瀉洗妖烽。

無心車馬走遙峰，石燕商羊飛舞從。疑是禹門鯉角露，風雲際會待成龍。

天意催詩未肯鬆，墨雲頭上疊重重。農田苦旱硯田謁，共待甘霖潤歲凶。

〈美人〉　壬辰年　七絕真韻
蛾眉螓首見天真，萬種風流嬝娜身。如此傾城傾國色，任他啼笑總迷人。

〈烽火〉　壬辰年　七絕真韻
聯絡諸侯信號珍，豈同（容）煙火博歡顰。周幽妄舉因褒姒，傾國端為戲美人。

〈追懷七十二烈士〉　壬辰嘉南高屏聯吟大會課題　七律青韻
忠魂七二古今馨，鬼泣神號碧血腥。壯志長留興漢族，捐軀永紀抗清廷。
武昌義舉同心赤，辛亥功垂照汗青。此日黃崗懷毅魄，願從克難繼英靈。

〈灰蝴蝶〉　壬辰旗美課題　七絕支韻　（避元）
不向苑中偷冶艷，偏來塚上弄晴曦。靈身欲入莊生夢，鎮日翩翾舞素姿。
（避眼）
紙魂灰魄舞斜曦，恍惚漫天粉翅癡。寄語兒童休錯認，莫教輕撲付春澌。

〈春日訪鄭王梅〉　壬辰嘉南高屏聯吟會擊鉢　七律歌韻
鄭王祠裡日融和，騷客巡簷感慨多。鐵骨凝寒開玉蕊，冰魂忍凍綴瓊柯。
朱照運竭枝猶健，海島忠靈樹獨峨。知是孤臣遺手澤，長留浩氣不消磨。

〈雞聲〉　壬辰鳳山課題　七絕文韻
一唱啼開天下曉，三鳴催上嶺東昕。任教喚起塵寰夢，難醒浮生勢利醺。

司晨天職合稱勤，窗下鳴三曙色分。喚醒吾儕同起舞，獻身救國殺俄軍。

樹下籬邊喔喔聞，喚鷄覓餌日將曛。女權今日歌平等，唱曉何妨讓牝群。

【本表為筆者歸納整理】

附錄二：蕭乾源《旗峰鐘韻擊缽詩集》詩作（依書本順序）

擊缽題目	詩　鐘	左右詞宗	名　次	詩作內容
旗鼓	一唱 （鳳頂格）	左：陳月樵 右：高文淵	左元右四	鼓及唐宮花競艷，旗翻燕市酒飄香。
			右元左眼	旗颺大雅昌詩教，鼓吹中興振國風。
德成	一唱 （鳳頂格）	左：陳月樵 右：蕭乾源	左眼右避	德業有方師晏子，成家致富學陶朱。
			左六右避	德業興隆惟道義，成功信念守公平。
年關	一唱 （鳳頂格）	左： 右：	右眼	年華逝水英雄淚，關塞寒蟾國士魂。
文運	二唱 （燕頷格）	左：蕭乾源 右：劉福麟	右三左避	斯文有幸存秦劫，國運無疆固漢基。
寒食	三唱 （鳶肩格）	左：阮文仁 右：簡　義	左元右五	登堂食寄三千客，拔劍寒生四百洲。
			左四	一樹寒梅懷大木，三千食客壓平原。
春雨	四唱 （蜂腰格）	左：蕭乾源 右：林桂芳	右四左避	字剪宜春迎歲首，亭名喜雨慶時雍。
晚涼	五唱 （鶴膝格）	左：柳　傳 右：阮文仁	左元	滴碎鄉心涼夜雨，驚回戊夢晚秋風。
			左四	愁添客地涼宵月，夢繞家園晚菊秋。
秋月	七唱 （雁足格）	左：劉順安 右：阮文仁	左眼右五	詩心仍似圓明月，世事渾如冷淡秋。
			右眼左八	詩酒聯歡今夜月，尊鱸正美故園秋。
男女	六唱 （鳧脛格）	左： 右：	左眼右六	傾國豈眞皆女子，匡時未必僅男兒。
雲海	三唱			驚地雲封千嶂沒，漫天海湧萬濤旋。
暮春	五唱			妾恨落花春欲去，郎如倦鳥暮知還。

蕉風	魁斗格	左：劉順安	左右元	蕉鹿夢回驚夜雨，草雞魂渺颯英風。
		右：張清景	右花左四	蕉如有意生南國，梅竟無心偃北風。
情絲	魁斗格		右眼左六	絲連藕斷空遺恨，地老天荒不了情。
		左：劉順安	左四右五	情到別離心欲碎，事多流浪鬢如絲。
		右：阮文仁	右五	情到纏綿蠶作繭，心難割愛藕牽絲。
			左右九	情天難補媧皇石，愛網猶牽月老絲。
天中節	鼎足格	左：蕭乾源	右元左避	文山氣節昭今古，中正恩威被海天。
		右：簡　義	右六左避	天寒塞外持蘇節，風喚江中訝屈魂。
鵲橋	比翼格	左：蕭乾源	右眼左避	霜落楓橋愁夜泊，月明烏鵲看南飛
		右：劉福麟	右四左避	天霽虹橋輝五彩，河顛烏鵲會雙星
菊影	蟬聯格	左：蕭乾源		
		右：阮文仁		
孔子節	碎錦格	左：阮文仁	左元右五	屈節休嗤錢樹子，鞠躬爭拜孔方兄。
		右：劉福麟	左右花	竹無勁節非君子，花肯多情屬孔兄。
黃花崗	碎錦格	左：劉順安	左右眼	三徑花存黃本色，一崗鵑泣漢忠魂。
		右：劉福麟	左五	花開晚節尊黃種，鵑泣名崗吊國魂。
醉中秋	碎錦格	左：簡　義	左五右避	杜甫悲秋吟塞外，陶潛醉菊臥花中。
		右：蕭乾源	左七右避	月明中夜鄉愁李，秋滿東籬菊醉陶。
蘇武、筆	晦明格	左：陳月樵	左元右六	嚼雪吞氈持漢節，焚衣投筆滅胡戎。
		右：劉順安	右元左四	不爲旌忠持漢節，肯教投筆望侯封。
擊缽題目	**詩　體**	**左右詞宗**	**名　次**	**詩作內容**
新荷	七絕覃韻	左：蕭乾源	右四	橫塘十里曉煙涵，出水田田帶笑憨。
		右：劉順安		有待高張擎兩蓋，文禽戲水興何酣。
			右六	一渠紅水映晴嵐，點點青錢兩又三。
				翠蓋未張花未發，亭亭玉立亦驕憨。
蕉風	七絕微韻	左：劉順安	左元右五	催花偃草是非耶，習習吹來輕又微。
		右：張清景		搖曳窗紗分翠影，綠天庵外正斜暉。
			左眼右花	吹來習習動青旂，萬斛涼生減暑威。
				塵夢醒回人乍起，半窗分綠弄斜暉。
秋思	七絕刪韻	左：劉順安	左右元	飄零琴劍感難刪，老我西風鬢欲斑。
		右：阮文仁		荊棘銅駝懷大陸，王師何日凱歌還。
			右花左五	萬方多難感寧刪，忍對西風展笑顏。
				漢賊未亡勵薪膽，天涯何日賦刀環。

噤蟬	七絕青韻	左：陳月樵 右：劉福麟	左元右四	高槐緣柳且藏形，吟月嘶風韻已停。 願學微虫能守口，忍將心緒付滄溟。
			左眼右眼	餐風吸露敢忘形，吟到無聲孰肯醒。 驚楚怨齊成往事，微虫也解口如瓶。
情絲	七絕文韻	左：劉順安 右：阮文仁	左元右花	柔調細縷渾難辯，意馬心猿繫正殷。 乙乙怨江編愛網，情苗情種獲均分。
			右元左五	綺恨春愁抽縷縷，愛苗情種繫紛紛。 相思有豆休言贈，心緒纏綿已十分。
			右四左十	千條萬縷認無痕，長短端由意緒分。 我也幾番遭束縛，難將慧劍解纏紛。
木鐸	七絕寒韻	左：阮文仁 右：劉福麟	右元左花	木製休將小器看，宏揚吾道韻漫漫。 斐亭鐘與蘭亭鉢，一樣尼山響應寬。
			左五右六	雅韻悠揚出杏壇，春風滿座響漫漫。 天教夫子宣吾道，一擊何妨醒漢奸。
師恩	七絕陽韻	左：蕭乾源 右：劉福麟	右九左避	仰沾時雨惠無疆，桃李欣欣發異香。 千古尼山宣聖鐸，餘音嗣響尚悠揚。
			右十左避	化雨春風及萬方，三千桃李門芬芳。 欣沾教澤欽師惠，似海如山孰敢忘。
文運	七絕冬韻	左：蕭乾源 右：劉福麟	右五左避	揚風扢雅三唐盛，佈德宣仁萬世宗。 吾道隆衰關國脈，中興鼓吹志寧鬆。
鶯梭	七絕麻韻	左：劉順安 右：蕭乾源	左元右避	出谷有聲爭擲柳，弄機無影不穿花。 靈禽技奪天孫巧，織就河山錦繡誇。
			左眼右避	乍看擲柳忽穿花，機韻交交逸韻奢。 願藉商庚勤課織，何愁世事亂如麻。
燕語	七絕鹽韻	左：陳月樵 右：蕭乾源	左眼右避	驚回好夢聽何嫌，得意呢喃蜜意兼。 一樣枕邊人絮語，輕低聲裡有酸甜。
			左五右避	對舞春風聲細巧，雙棲畫棟語酸甜。 繁華王謝餘陳跡，遮莫呢喃愛恨兼。
桂影	七絕四支	左：陳月樵 右：陳福清	左五右十二	金粟花開八月時，天香浮動跡紛披。 雲梯直上婆娑處，許我先攀第一枝。
			右五	天上花開痕淡掃，人間香動跡紛披。 五妃祠外前朝樹，掩映貞魂月下悲。
詩聲	七絕東韻	左：陳月樵 右：高文淵	左元右五	戛玉敲金音朗朗，揚清激濁氣融融。 斐亭鐘與蘭亭鉢，逸韻千秋響應同。
			左右花	發自靈臺韻不窮，宣揚吾道振文風。 劍南吟句離騷賦，愛國心聲響大同。

餞春雨	七絕魚韻	左：蕭乾源 右：林桂芳	右眼左避	天正霏霏淚滴如，楝花風裡灑庭除。 東皇去意誰能挽，一曲陽關別恨餘。
菊影	七絕蒸韻	左：蕭乾源 右：阮文仁	右元左避	秋滿東籬月滿天，艷痕重疊印階前。 多情我也同陶令，醉臥花陰興欲仙。
			右眼左避	花痕重疊印籬邊，三徑秋光寫照妍。 疑是淵明留畫本，濃描淡掃自天然。
中元節有感	七絕先韻	左：簡　義 右：劉福麟	左元右眼	盂蘭勝會白年年，太古風遺俗尚傳。 怪底世人施餓鬼，飢寒野莩有誰憐。
			右花左四	普渡幽冥年復年，盛唐陋習尚遺傳。 太空時代新風氣，迷信排除邁向前。
五日白鶴寺雅集	七絕先韻	左：簡　義 右：阮文仁	右眼左八	端陽勝會萃群仙，吟幟高颺鶴寺前。 大好風光憑藻繪，占鼇誰肯讓人先。
			左十	端陽勝會鶴山巔，寶剎巍巍輪奐妍。 漫爲傷時吟弔屈，江山藻繪頌堯天。
五日感懷	七絕佳韻	左：蕭乾源 右：簡　義	右花左避	寧忘薪膽又天涯，醉飲蒲觴倍愴懷。 孤憤有誰同屈子，江山此日尚陰霾。
			右九左避	端陽佳節感盈懷，天賦騷人命豈乖。 我也相憐同賈誼，招魂待哭楚江涯。
天河會	七絕元韻	左：蕭乾源 右：劉福麟		
春餅皮	七絕支韻	左：簡　義 右：阮文仁	左五	月樣團圓紙樣批，佳肴好捲禁煙時。 端陽角黍中秋餅，一例前朝俗未移。
烈士魂	七絕江韻	左：劉順安 右：劉福麟	左右眼	黃花萬朵輝青史，碧血千秋燦漢邦。 我願頭顱同一擲，追隨戎馬躍長江。
			右花左四	毅魄長輝民族史，忠靈永護漢家邦。 書生勁節同先烈，未搗黃龍氣怎降。
掘寶	七絕肴韻	左：陳月樵 右：蕭乾源	左四右避	頭幫崁下小姑坳，爭挖窖藏且莫嘲。 一樣打撈風氣盛，發財夢肯等閒拋。
			左九右避	利慾薰心念肯拋，荒山挖遍又荒郊。 窖藏珍物眞還假，禍福焉知漫笑嘲。
初夏即事	七絕虞韻	左：柳　傳 右：阮文仁	右眼	餞春梅雨日霑濡，琴劍年年悵故吾。 漢賊未除胡未滅，奚妨火傘又前途。
			左花右五	楝花風過海之隅，試葛無人意不愉。 高臥南窗消永日，管他世態幻須臾。

祝彰化銀行旗山分行五二年度業績考核第一名	七絕陽韻	左：陳月樵 右：高文淵	右花	彰銀分構遍台疆，考績旗山獨擅良。 端賴金融多把注，繁榮百業耀邦光。
			左七	彰銀考核冠台疆，經理功高業績揚。 咸慶蟬聯魁獨佔，山城此日亦沾光。
年關	七絕蕭韻	左：阮文仁 右：陳月樵	左八右十	忍聞臘鼓響宵宵，鐵鎖泥封百事慳。 一樣當前臨虎塞，途窮無計總心焦。
野渡無人舟自橫	七絕眞韻	左：陳月樵 右：劉順安	左眼右八	鼉鼓聲喧芳草渡，鶯帆影隱綠楊濱。 舟夫畢竟歸何處，落日江千愁殺人。
			左花右五	孤篷漂漾傍江濱，不見舵夫漫愴神。 我欲中流雄擊楫，乘風滿載去來人。
徵婚	七絕灰韻	左：陳月樵 右：阮文仁	左右六	端藉新聞不藉媒，誠求對象竟公開。 人緣條件雙符合，的是婚姻中選才。
			左八右九	爲愛婚姻符理想，披誠條件作公開。 太空時代文明盛，對象還須愼擇才。
延平詩社十周年	不拘韻	左：阮文仁 右：蕭乾源	左元右避	吟旌高捲崁城東，國土重光社運隆。 激發天聲揚正氣，優揚鉢韻振文風。 濤掀鯤海詞源壯，價重雞林筆陣雄。 盛會欣逢迎十載，庚歌復旦頌興中。
			左花右避	高標吟幟署延平，十載騷壇獨擅名。 會萃人文宣國粹，堂皇旗鼓振天聲。 斐亭嗣響千秋繼，魯殿靈光萬丈明。 但願詩人齊喚起，同揮椽筆佐收京。
			左四右避	吟幟高飄歲十回，斐亭嗣響寄三臺。 黑洋海闊辭源滾，赤崁樓高鉢韻催。 正氣闡揚追正則，文風鼓吹繼文開。 願教社運蒸蒸上，傑出中興復國才。
			左八右避	堂皇旗鼓壯河山，聲勢渾如逐鬼荷。 鉢韻悠揚門閭關，詞源倒瀉海婆娑。 詩廣蓮社騷風振，會媲蘭亭名士多。 十載欣逢開盛典，中興雅頌共謳歌。
			左十二右避	詩星朗耀劫餘天，幟樹延平慶十年。 蔚起人文揚正氣，匡扶吾道賴中堅。 南皮韻士千秋繼，東社風騷一脈延。 盛會衣冠欣此日，心花怒放筆花妍。
甲辰詩人節有感（1964）	七律陽韻	左：劉順安 右：蕭乾源	左眼右避	歲值青龍國運昌，更逢佳節又端陽。 登臨鶴嶺翻吟幟，會集禪門吊楚觴。 北望河山猶擾攘，南來歲月感滄桑。 書生筆與英雄劍，待掃風雲靖八荒。

			左四右避	登臨鶴嶺慶端陽，鐘聲悠悠鉢韻揚。破碎河山懷隔岸，飄零琴劍感他鄉。海天休灑哀時淚，蘋藻輸誠荐國觴。歲值龍興人未老，王師指日復邦疆。
冬夜書懷	七律一先	左：陳月樵 右：劉福麟	右眼左七	朔風朒朒冷蟾圓，螢驅寒宵百感牽。濁世滄桑棋亂局，浮生歲月箭離弦。同流未肯隨污混，知白偏教守墨堅。有待乾坤歌復旦，曦輝朗耀漢山川。
			左八	獸炭頻添獨不眠，前塵回首慨茫然。人心畢竟蛇吞象，世事爭如雀捕蟬。再造乾坤期有日，忍長薪膽策回天。春來凍雪消融去，明媚河山草木妍。
羅門秋色	七律蕭韻	左：劉順安 右：蕭乾源	左眼右避	是真勝地擅香蕉，曳杖西風爽氣饒。羅漢佛頭青未潑，觀音螺髻翠如描。晨光絢爛銀屏麗，瑞靄紛披玉枕遙。自古南天多雨露，河山應不為秋凋。
			左七右避	西風爽氣正飄飄，羅漢門高景物饒。霞蔚仙溪紅似染，煙凝鼓岫碧於描。眉形積翠金梳麗，髻影浮青玉枕遙。依舊河山人事變，虎場何處覓弓彫
孔誕雅集	七律陽韻	左：蕭乾源 右：劉福麟		
國慶日雅集	七律先韻	左：蕭乾源 右：簡　義	右元左避	宏開盛會小陽天，鉢韻悠揚筆陣堅。詩頌良辰雙十節，史增新頁五千年。興中氣魄追光武，革命功勳仰逸仙。漫為神州沉陸感，王師指日歌凱旋。
羅門探春	五律齊韻	左：蕭乾源 右：劉順安	右眼左避	彙筆羅門路，尋芳興未低。江山遺沉跡，藻繪憶錢題。日暖花鋪錦，風和爪印泥。春光行處好，詩料滿囊攜。
			右九左避	何處春光早，羅門策杖藜。尋芳登鼓嶺，覓翠涉仙溪。柳拂輕煙梟，梅開冷蕊齊。山城多勝蹟，著意好留題。
蝴蝶蘭 （高屏三縣市壬寅春季聯吟大會）	七律魚韻	左：黃森峰 右：王隆遜	右元左廿一	托根九畹擅芳譽，潔白花開粉翅如。謝逸詩成添興爽，莊周夢幻悟情舒。偏偏清影春風外，栩栩幽懷曉霧初。好是雌雄聯並蒂，芸窗對舞助吟余。

旗影 （高屏三縣市庚子春季聯吟大會次唱）	七絕	左：蔡連中 右：蔡元亨	右花左五	飄搖大纛捲長風，虎踞龍蟠寫照中。 百萬貔貅憑掩映，驅除國蠹氣豪雄。

附錄三：蕭乾源《旗美詩苑》第一冊 詩文（依書本順序）

詩題／詩作內容
〈江風〉七律 一片滄茫九派通，此間箕伯逞威雄。頻翻巨浪成天塹，時激奔騰幻雪嵩。 數陣海門推雨急，幾番浦口拂斜蓬。痴心我欲追宗愨，獨立江頭待御風。
〈昭和十九年甲申簡義桂芳二詞友將之南方〉七絕 志繼班超應可欽，決拋毛穎敵前臨。謾云儒士多輕弱，誓願釜舟共破沉。
〈世界三十七國詩人大會〉七律 世詩勝會值初冬，萬國衣冠喜乍逢。鼓吹中興宣大雅，宣揚正氣息兵烽。 尼山聖教尊千古，魯殿靈光透九重。願把心聲長激發，八方響應自由鐘。
高縣徵詩〈龍崗觀雲〉五律 絕頂登臨去，龍崗氣象雄。雲羅鋪疊嶂，霧縠接長空。 皺岫蒼茫外，旗峰指顧中。家山何處是，親舍望無窮。

附錄四：蕭乾源與旗峰吟社登報內容

1			
日期	昭和五年二月二十八日（1930.2.28）		
刊名	《台南新報》第 10095 期	詩類	七言絕句
題目	遊春	頁碼	6
詩作	〈遊春〉　蕭乾源 百花初放滿春城。悅目芳菲繫我情。最愛呢喃新燕語。殷勤頻和管絃聲。		
說明	〈遊春〉復刊登《詩報》第 12 號，昭和六年（1931）5 月 15 日，海國清音，頁 15。		
2			
日期	昭和六年五月十五日（1931.5.15）		
刊名	《詩報》第 12 期		
標題	旗峰吟社	頁碼	1
正文	該社山旗山街青年同志組織於昭和辛未年花月，專研究詩文為目的，每月徵詩，每週間開擊鉢吟會，每夜切磋講義，事務所置全街協記商店樓上。 社　　長：黃永好詠鶴 庶務幹事：蔡有國遊谷、陳三木鴻飛 財務幹事：蕭乾源雲津 外務幹事：范國清克仁 社員：吳昆政心機、劉進丁書燈、葉貞觀靜觀 特別社員：吳直哉、黃南山、郭韻琛、陳蓮友、李作藩

3			
日期	昭和六年五月十五日（1931.5.15）		
刊名	《詩報》第 12 號	詩體	七言絕句
題目	遊春、春日遊太平寺	頁碼	15
詩作	〈遊春〉　蕭乾源 百花初放滿春城。悅目芳菲繫我情。最愛呢喃新燕語。殷勤頻和管絃聲。 〈春日遊太平寺〉　蕭乾源 梵宮勝蹟景清幽，春日登臨一望收。絕好旗峰相對峙，年年長伴自千秋。		
4			
日期	昭和六年五月十五日（1931.5.15）		
刊名	《詩報》第 12 號		
標題	旗山街旗峰吟社	頁碼	16
正文	旗山街旗峰吟社五月一日午後七時開臨時擊鉢吟會社員一齊出席題「玩月」七絕先韻十時交卷得詩四十八首由郭韻琛蕭乾源左右詞宗各選十名乾源南山二氏獲左右元至夜闌各領贈品散去 仝吟社前徵「尋春」「詩鏡」「旗峰」各詩已托洪鐵濤先生評選不日可能發表云云		
5			
日期	昭和六年六月一日（1931.6.1）		
刊名	《詩報》第 13 號	詩類	七言絕句
題目	春日登山	頁碼	14～15
詩作	〈樓上遠眺〉　蕭乾源 （1）獨坐樓台對夕陰，遙看天際暮雲深。忽聞檻外鳴鳩喚，動我離情是此禽。 （2）遠望雲山景色蒼，晚風拂檻自生涼。一行白鷺南飛去，無那鄉心欲斷腸。		
說明	二首詩收於《資生吟草》（1930 年），部分文詞不同： （1）獨坐樓台對夕陰，遙看天際暮雲侵。聲聲杜宇幽窗外，動我離情是此禽。 （2）遠望雲山景色蒼，清風拂檻晚來涼。一行白鷺南飛去，無那鄉心欲斷腸。		
6			
日期	昭和六年六月十五日（1931.6.15）		
刊名	《詩報》第 14 號		
標題	旗峰吟社（擊鉢錄） 歡迎葉榮春先生擊鉢錄	詩體	七言絕句
		頁碼	10
詩作	〈行踪〉　詞宗（左：郭韻琛、右：吳直哉）選 右三左二　雲津 東西奔走原無定，南北漂流未可期。試問天涯淪落客，江湖浪跡息何時。		

7	
日期	昭和六年七月一日（1931.7.1）

刊名	《詩報》第 15 號	詩體	七言律詩
題目	閒居	頁碼	2～5

詩作	〈閒居〉 蕭乾源
	（1）不求榮祿故園歸，茅舍柴門自掩扉。三徑菊松情繾綣，滿窗風月興遄飛。林泉心逸知今是，仕宦形勞覺昨非。世態炎涼何足道，不如高臥且忘機。
	（2）榮祿久辭閒可知，草堂茅舍足心怡。青山近宅風光好，碧柳垂門春色宜。飲酒彈琴欣自樂，栽花種竹笑吾癡。功名何異浮雲等，邱壑園林供詠詩。
說明	第一首詩收於《資生吟草》（1931 年），部分文詞不同： 不求榮祿故園歸，茅舍柴門日掩扉。三徑菊松情繾綣，滿窗風月興遄飛。 林泉心逸知今是，仕宦形勞覺昨非。富貴浮雲何足羨，逍遙世外好忘機。

8	
日期	昭和六年七月一日（1931.7.1）

刊名	《詩報》第 15 號	詩體	詩鐘
標題	旗峰吟社（徵詩） 旗峰	頁碼	15

詩作	詩鐘：〈旗峰〉 鳳頂格 洪鐵濤先生選
	十七 旗山 蕭乾源
	旗飄紅日扶桑壯。峯聳青天富士高。

9	
日期	昭和六年七月一日（1931.7.1）

刊名	《詩報》第 15 期

標題	旗峰吟社徵詩	頁碼	8

報導內容	旗峰吟社第一期徵詩〈尋春〉、詩鐘〈旗峰〉計共得壹千八拾六首，托洪鐵濤先生各選取參拾名於左：
	〈尋春〉七絕 不限韻
	壹名鹿港施春華　二名新竹蔡錦鎔　三名中壢唐新仁　四名臺中王竹修
	五名苑裡鄭星五　六名鹿港施耀昇　七名鹿港施春華　八名臺中王竹修
	九名中壢古宗藩　十名高雄鮑樑臣　十一臺中王竹修　十二屏東王松江
	十三臺南陳芳村　十四臺南韓承澤　十五高雄歐烱菴　十六員林許蘊山
	十七新竹吳壽堂　十八臺南陳芳村　十九中壢古道興　二十中壢古炳
	二一屏東艷僧　二二中壢古宗潘　二三苗栗林杏村　二四高雄鮑樑臣
	二五臺南韓承烈　二六臺中王竹修　二七中壢古道興　二八臺南白璧甫
	二九新化鄭曉青　三十臺南韓氏錦雲。

詩鐘〈旗峰〉（鳳頂格） 一名中壢古炳　二名臺南韓承烈三名臺南李化三　四名台南李化三 五名北門王大俊　六名高雄許君山七名臺中王竹修　八名新竹蔡錦鎔 九名麻豆邱溶川　十名高雄歐烱菴十一南投蕭藝痴　十二屏東猴山農隱 十參台南白璧甫　十四苑裡鄭星五十五苑裡王清淵　十六北港源濤 十七旗山蕭乾源　十八臺中王竹修十九臺北駱子珊　二十高雄歐烱菴 二一麻豆邱溶川　二二高雄蘇明奎二三新化鄭曉青　二四新竹胡海濱 二五臺南李化三　二六新竹蔡逸客二七苑裡鄭星五　二八臺中王竹修 二九高雄歐烱菴　三十新化徐壽臣 附第二期徵詩如左： 詩題：〈苦熱〉　體韻：七絕不限韻 期限：七月十五日止　贈品：十名內均有薄贈 詞宗：未定　　交卷：旗山旗峰吟社事務所	

10			
日期	昭和六年七月十五日（1931.7.15）		
刊名	《詩報》第 16 號	詩體	七言絕句
題目	端午日懷鷺江范國清君 寄懷黃詠鶴硯兄	頁碼	4
詩作	1.〈端午日懷鷺江范國清君〉　旗山　蕭乾源 （1）今朝佳節憶分離，況復端陽競渡期。聞道鷺江衣帶水，時時引領望天涯。 （2）樓中獨坐寂無聊，惆悵離情恨未消。步出玉欄杆外望，鷺江何處水雲遙。 （3）暮雲春樹感悲傷，地北天南各一方。惟願晨昏勤奮勉，學成名就早回卿。 （4）故國睡獅正欲醒，竚看怒吼震雷霆。如何手足猶相鬩。兵燹哀鴻不忍聽。 2.〈寄懷黃詠鶴硯兄〉　蕭雲津 殘春握別雨霏霏，離恨縈懷魂欲飛。我效子猷思訪戴，扁舟幾度往還歸。 秋水伊人眼欲穿，文旌何日可言旋。高雄遙望空惆悵，別後銀蟾兩度圓。		
說明一	〈端午日懷鷺江范國清君〉　亦收於《資生吟草》（1935 年），部分文詞不同： （1）端陽此日憶分離，細雨絲絲似淚垂。聞道鷺江衣帶水，時時引領望天涯。 （2）吟樓獨坐寂無聊，惆悵離愁何日消。頻倚欄杆搔首望，鷺門渺渺水雲遙。 （3）暮雲春樹感淒涼，一日三秋幾斷腸。惟應晨昏須奮勉，學成名就早還鄉。 （4）故國睡獅正欲醒，竚看怒吼震雷霆。即今錦繡江山裡，兵燹哀鴻不忍聽。		
說明二	《詩報》（3）末句未押韻，恐編輯校正有誤（回卿→回鄉）		

11	
日期	昭和六年八月十五日（1931.8.15）

刊名	《詩報》第18號	詩體	七言絕句
標題	旗峰吟社（擊缽錄）七月廿二日歡近臺南香芸吟社石儷玉女士	頁碼	7

詩作	〈筆刀〉　詞宗（左：郭韻琛、右：葉詠春）選 **右三　雲津** 莫怪毛錐勝鐵錐，誅奸不遜斬蠻師。詞場爭霸尋常事，別有千軍曾掃之。
說明	本詩亦收於《資生吟草》（1930年），部分文詞不同： 莫怪毛錐勝鐵錐，鋤奸不遜斬蠻師。文場爭霸尋常事，利在千軍曾掃之。

12	
日期	昭和六年九月一日（1931.9.1）

刊名	《詩報》第19號	詩體	（1）（2）七言絕句、（3）七言律詩
題目	祝旗錚吟社 疊遵友先生祝旗峰吟社開會瑤韻 書懷呈蕭乾源先生	頁碼	3～5

詩作	1.〈祝旗錚吟社〉陳遵友（p.4） 萍水相知結靜緣，躬逢盛會接群賢。旗峰擊缽開今夜，喜看珠璣滿錦箋。
	2.〈疊遵友先生祝旗峰吟社開會瑤韻〉　黃南山（p.4） 締成翰墨好因緣。獨占鰲頭仰大賢。刻鵠自慚羞大雅。葫蘆依樣寫吟箋。
	3.〈書懷呈蕭乾源先生〉　陳龍吟（p.5） 飄零我愧不如人，卻為耽詩誤了身。未展經綸空作繭，難成功業枉勞神。 浮生自笑平洋虎，決水誰甦涸轍鱗。何日禹門隨變化，翻江吸浪出延津。
說明	第三首詩並收於《專賣通信》第10卷第11號（1931）。部分文詞不同： 3. 飄零深愧不如人，卻為耽詩誤了身。未展經綸屈小吏，枉拋書劍困征塵。 　半生自覺平洋虎，斗水誰蘇涸轍鱗。倘躍禹門隨變化，翻江吸浪上雲津。

13	
日期	昭和六年九月十五日（1931.9.15）

刊名	《詩報》第20號	詩體	（1）（2）七言絕句、（3）五言絕句
題目	寄懷黃志輝先生 獨坐江樓 鐘聲	頁碼	3

詩作	1.〈寄懷黃志輝先生〉　旗山　蕭雲津		
	睽違一日似三秋，渭北江東兩地悠。回憶西窗同剪燭，更闌欲泛訪遠舟。		
	2.〈獨坐江樓〉　旗山　蕭雲津		
	偷閒鎮日坐江樓，逝水潺湲韻獨悠。惱我天涯淪落客，歸心腸斷故園秋。		
	3.〈鐘聲〉　旗山　蕭雲津		
	百八听來响，宮人盡曉粧。數聲敲斷續，似促老僧忙。		
14			
日期	昭和六年十月一日（1931.10.1）		
刊名	《詩報》第 21 號	詩體	七言絕句
題目	燈篙	頁碼	2～6
詩作	〈燈篙〉　旗山　蕭乾源		
	長竿高掛數燈青，明滅何曾照鬼形。他日維新除舊俗，冥途黑暗豈難經。		
說明	本首詩並收於《資生吟草》（1930 年）		
15			
日期	昭和六年十月十五日（1931.10.15）		
刊名	《詩報》第 22 號	詩體	五言律詩
題目	中秋玩月	頁碼	15
詩作	〈中秋玩月〉　蕭乾源		
	三五冰輪滿，嬋娟轉玉盤。銀河蟾影淨，雲漢鏡光寒。 斜掛天邊現，高懸頭上看。清輝真不夜，翹首獨憑欄。		
說明	與《資生吟草》（1931 年）的〈中秋玩月〉文意相似，部分文詞已修改。		
16			
日期	昭和六年十一月十五日（1931.11.15）		
刊名	《詩報》第 24 號	詩類	七言律詩
題目	寄懷中華阮文仁先生	頁碼	14～15
詩作	〈寄懷中華阮文仁先生〉　蕭乾源		
	光儀別後五經秋，渺渺相思兩地悠。春樹暮雲無限感，花晨月夕更添愁。 詩書愧我深藏拙，品學如君獨擅優。故國需才今正急，最宜投筆覓封侯。		
說明	本首詩收於《詩報》第 27 號（1932），及《資生吟草》（1936）。部分文詞不同： 《詩報》 光儀別後五經秋，天各一方兩地悠。春樹暮雲無限感，花晨月夕更添愁。 詩書愧我深藏拙，品學如兄獨擅優。故國需才今正急，先生投筆好封侯。 《資生吟草》 神州歸去五經秋，地北天南萬里悠。春樹暮雲縈別緒，花晨月夕感離愁。 詩書愧我深藏拙，品學如兄獨擅優。祖國需才今正急，合當投筆覓封侯。		

17			
日期	昭和六年十一月二十六日（1931.11.26）		
刊名	《專賣通信》第 10 卷第 11 號	作者	新化——陳壽南（陳龍吟、陳大成）
題目	呈旗峰吟社諸先生 書懷呈蕭乾源先生	詩體	七言律詩
		頁碼	97
詩作	1.〈呈旗峰吟社諸先生〉 因緣翰墨契知音，文字交情海樣深。一室芝蘭多異味，滿堂瑞靄鬥春陰。酒逢醉裏稱中聖，詩到酣時足浪吟。安得此身無事掛，消閒日月鼓峯臨。		
	2.〈書懷呈蕭乾源先生〉		
說明	第一首詩並收於《詩報》第 31 號（1932.3.15 年），以及《台灣警察時報》第 45 號，懸賞文藝・漢詩欄，229 頁（1932）。部分文詞不同： 《詩報》〈呈旗峰吟社諸先生〉 因緣翰墨契知音，文字交情海樣深。入室芝蘭香撲鼻，登堂瑞靄氣薰心。酒逢醉頃方稱飲，詩到酣時是吟。安得此身無掛慮，鼓峯憑我日登臨。 《台灣警察時報》〈旅旗山敬呈旗峰吟社諸先生〉 因緣翰墨契知音，文字交情海樣深。一室芝蘭多異味，滿堂瑞靄鎖春陰。酒從醉裏呼中聖，詩到酣時足浪吟。安得此身無俗累，消閒日日鼓峰臨。		
18			
日期	昭和七年一月一日（1932.1.1）		
刊名	《詩報》第 27 號	詩體	七言絕句、七言律詩、七言古詩
題目	秋思、寄懷中華阮文仁先生 吊悟眞社副社長柯李忠先生	頁碼	5～9
詩作	1.〈秋思〉 <u>蕭乾源</u> 虛度光陰十九秋。黃花爛熳思悠悠。故山搖落今何似。蕭瑟西風動客愁。花開三徑似鋪金。攜酒邀朋共賞斟。淪落他鄉歸未得。尊鱸空有故園心。		
	2.〈寄懷中華阮文仁先生〉 <u>旗山</u> <u>蕭乾源</u>		
	3.〈吊悟眞社副社長柯李忠先生〉 <u>蕭乾源</u> 噩耗傳來值暮秋，塵寰永別不勝愁。劇憐德望咸著稱，五四年華赴玉樓。誰知一病沒沉痾，藥石無功喚奈何。大夢難醒悲此日，愁雲黑暗鑽南柯。五度春秋爲悟眞，晨昏奔走不辭辛。而今化鶴西歸去，風雨淒淒倍愴神。		

19			
日期	昭和七年二月二十四日（1932.2.24）		
刊名	《詩報》第30號	詩體	七言絕句
題目	（旗峰吟社擊缽錄）春日登山	頁碼	9
詩作內文	〈春日登山〉 七絕先韻 詞宗（左：施雁翔、右：陳天然）評 （1）左一 蕭乾源 踏雪尋春上碧巔，欣看疎影鬪春妍。不妨乘興騎驢背，也學前身孟浩然。 （2）右一左三 蕭乾源 杖藜扶我上岩巔，煙樹晴嵐別有天。絕頂梅花花似雪，峯前峯後鬪娟妍。 （3）左二右二 蕭雲津 興來理屐覓芳妍，踏遍蓬萊第幾巔。淑氣春光無限好，最宜梅放嶺頭煙。 （4）右翰左九 雲津 携酒扶筇上碧巔，逍遙盡日樂陶然。春光滿眼繁華甚，花木芳菲我亦憐。		
說明	第一、二、三首詩並收於《資生吟草》（1930年）： 踏雪尋梅上碧巔，隴頭疎影鬪芳妍。何妨繫酒騎驢背，也似前身孟浩然。 杖藜扶我上岩巔，煙樹晴嵐別有天。最是梅花春爛熳，枝南枝北雪爭妍。 興來理屐覓芳妍，踏尽蓬萊第幾巔。淑氣春光無限好，嶺梅耐冷惹人憐。		
20			
日期	昭和十年一月一日（1935.1.1）		
刊名	《詩報》第96號	作者	阮文仁
題目	中秋夜和蕭君乾元見贈瑤韻	詩體	七言律詩
		頁碼	15
詩作	〈中秋夜和蕭君乾元見贈瑤韻〉 旗山 阮文仁 一年容易又中秋，異地何堪客思悠。明月團圓無限感，金杯激灩許多愁。 浮生祇覺人情淡，處世頻牽國事憂。熱血滿腔何處洒，空懷投筆覓封侯。		
21			
日期	昭和十年三月十五日（1935.3.15）		
刊名	《詩報》第101號	詩體	七言絕句
題目	（旗峰吟社擊缽）美人	頁碼	4
詩作	〈美人〉 詞宗（左：陳天然、右：阮文仁）選 （1）左花右五 蕭乾元 嬌嬈媚態本天眞，西子前身卿後身。最是紅顏偏命薄，綠章我欲向天申。 （2）左臚右七 蕭雲津 明眸皓齒與朱唇，十五年華更可人。我也多情如杜牧，未甘遲暮負芳春。 （3）右八 蕭資生 貌似驪姬世所珍，不塗脂粉出天眞。任他一朵如花艷，卻遜花容歲歲春。		

22			
日期	昭和十年四月一日（1935.4.1）		
刊名	《詩報》第 102 期	詩體	七言絕句
題目	（旗峰吟社徵詩）爭杯	頁碼	4
詩題	〈爭杯〉　詞宗（左：黃石輝、右：姚松茂）選 （1）右臚　蕭乾元 拇戰終宵興倍然，杯杯孰肯讓人先。如何不藉爭拳力，拼向中原擁主權。 （2）左一　蕭資生 滿堂醉客各爭拳，奮力揚聲奪酒權。世事滄桑都不管，玉山傾倒是誰先。		
說明	與《資生吟草》1935〈爭杯〉內容相似。		

23			
日期	昭和十年四月十五日（1935.4.15）		
刊名	《詩報》第 103 期	詩體	七言絕句（蕭韻）
題目	（旗峰吟社課題）水仙花	頁碼	6
詩作	〈水仙花〉蕭乾元 托根泉石絕應囂，玉貌娉婷品獨超。吾愛幾莖供案上，時聞香氣滿堂飄。		

24			
日期	昭和十年八月一日（1935.8.1）		
刊名	《詩報》第 110 號	詩體	七言絕句
題目	（旗峰吟社擊缽）笑花	頁碼	6
詩作	〈笑花〉詞宗（左：黃石輝、右：陳登科）選 （1）左臚右六　蕭乾元 枝枝穠艷態輕盈，相對嫣然兩意傾。最是千金難買得，楊妃一倩更多情。 （2）右臚左六　蕭乾元 秀靨嫣然百媚生，痴心我亦喜相迎。怪他烽火歡褒似，惧盡周幽太不情。		
說明	本次「旗山旗峰吟社擊缽」〈笑花〉詩作復刊登於《臺南新報》第 12070 號，昭和十年（1935）8 月 12～13 日，第 8 版，詩壇。亦收於《資生吟草》1935 年作品內。		

25			
日期	昭和十年八月十五日（1935.8.16）		
刊名	《詩報》第 111 號	詩體	七言絕句
詩題	心花　合點　一一點	頁碼	6
詩作	〈心花〉　合點　六點　乾元 愁日蕊含喜日開，藉他熱血善滋培。料知智舍深藏護，不怕狂風暴雨摧。 〈心花〉　合點　四點　資生 金谷園中一朵開，問誰移植在靈臺。幸他智水滋培好，丹艷充分不染埃。		

26	
日期	昭和十年九月一日（1935.9.1）
刊名	《詩報》第 112 號　　詩體　七言絕句（先韻）、詩鐘
題目	（旗峰吟社擊缽錄）　觀棋　　頁碼　4
詩作	1.〈觀棋〉　詞宗（左：姚松文、右：茂阮仁）選 （1）右臚左十　蕭乾源 縱橫出沒運如神，袖手人偏著意眞。回首中原還逐鹿，殘棋一樣感頻頻。 （2）右五左七　蕭乾元 巧運心機手法眞，連攻車炮妙如神。任他勝負都無管，甘作傍觀袖手人。 （3）左六　蕭資生 閒來松下看仙奕，局外偏能用意眞。只爲輸贏還未定，恐教柯爛繼樵人。 2.詩鐘：〈白戰〉　蟬聯格　詞宗（左：姚松茂、右：阮文仁）選 右元　乾元 詩興踏殘冬雪白，戰酣揮迫夕陽紅。

27	
日期	昭和十年九月十六日（1935.9.16）
刊名	《詩報》第 113 號　　詩體　七言絕句
題目	（旗峰吟社擊缽）夜坐　　頁碼　3
詩作	〈夜坐〉　詞宗（左：黃石輝、右：陳登科）選 （1）左元右眼　蕭乾源 良朋三五會良宵。環坐談天逸興饒。當酒有茶頻剪灼。何妨話柄續明朝。 （2）左六　資生 祇因難寐覺心焦。誦罷西廂嘆寂寥。明月有情常不滿。可憐人坐可憐宵。 （3）左七　魂珍 芭蕉窗外雨蕭蕭，獨對孤燈嘆寂寥。回憶美人何處去，教人難受可憐宵。

28	
日期	昭和十年十月一日（1935.10.1）
刊名	《詩報》第 114 號　　詩體　（1）詩鐘、（2）七言絕句
題目	（旗峰吟社擊缽） 情山、女車掌　　頁碼　7
詩作	（1）詩鐘：〈情山〉　魁斗格　詞宗（左：姚松茂、右：陳登科）選 第三　旗山　蕭乾元 山巒起伏擎天志，溪水潺湲訴世情。

詩作	（2）〈女車掌〉詞宗（左：姚松茂、右：陳登科）選
	左元右八　蕭乾源
	結束身材妙似花，司機人共計生涯。憐他市上囂囂處，時囀珠喉報下車。
	左花右五　魂珍
	時裝窈窕好年華，旦夕慇懃爲掌車。寄語芳儂宜自護，司機人盡野心家。
說明	本次「旗山旗峰吟社擊鉢」〈女車掌〉詩作刊登於《臺南新報》第 12081 號，昭和十年（1935）8 月 23 日，第 8 版，詩壇。部分文詞不同：
	結束時裝妙似花，司機人共計生涯。憐他市上囂囂處，時囀珠喉報下車。《台南新報》

29

日期	昭和十年十月十五日（1935.10.15）		
刊名	《詩報》第 115 號	詩體	五言律詩
題目	（旗峰吟社課題）種菊	頁碼	4
詩作	〈種菊〉　詞宗（左：蕭乾元、右：游讚芳）選		
	右元　乾元		
	柴桑追隱士，移植廢餐眠。嫩葉殷勤護，新根仔細遷。		
	還期三徑艷，有待九秋妍。佇看花開日，邀朋醉幾天。		

30

日期	昭和十年十一月一日（1935.11.1）		
刊名	《詩報》第 116 號	詩體	五言絕句
題目	（旗峰吟社擊鉢）馬跡	頁碼	6
詩作內文	〈馬跡〉　詞宗（左：姚松茂、右：蕭乾元）選		
	（1）左眼右避　乾元		
	騎驢繞過客，踐處認痕初。南北鴻泥遍，萍踪自笑余。		
	（2）左臚右避　資生		
	落花遭踐盡，印處屐痕如。省識五陵少，銀鞍過此初。		

31

日期	昭和十年十一月十八日（1935.11.18）		
刊名	《詩報》第 117 號	詩體	五言律詩
題目	（旗峰吟社擊鉢）照空燈	頁碼	2
詩作	〈照空燈〉　詞宗（左：姚松茂、右：阮文仁）選		
	（1）左元右四　乾源		
	文明稱利器，一道放毫光。閃爍沖銀漢，熒煌出戰場。		
	敵機須謹慎，射砲正高張。探海燈同用，殊勳立國防。		

	（2）右五左六　資生
	一樣雷鞭閃，寒光貫彼蒼。建功憑射砲，戰績勝飛鎗。
	旋轉機靈巧，熒煌電力強。防空宜賴汝，時勢值非常。
	（3）右八　瑰珍
	利器鎮殺場，陰陽二氣將。爆彈防暗炸，偵探恐高翔。
	閃閃金蛇掣，輝輝玉葉長。敵機雲漢上，怕汝放豪光。

32

日期	昭和十一年二月十五日（1936.2.15）		
刊名	《詩報》第 123 號		
題目	（高雄州下聯吟會擊鉢） 旗峰曉翠	詩體	五言律詩
		頁碼	3
詩作	〈旗峰曉翠〉　詞宗（左：鄭坤五、右：陳春林）選 左六　蕭乾元 積翠扐峯麗，晴空曙氣清。皷山濃霧罩，淡水碧痕生。 激艷霞光滿，蒼茫黛色橫。綠窗誰起早，寫照愛新晴。		

33

日期	昭和十一年二月十五日（1936.2.15）		
刊名	《詩報》第 123 號	詩體	五言絕句
題目	（旗峰吟社擊鉢）　春感	頁碼	3
詩作	〈春感〉　詞宗（左：黃石輝、右：陳登科）選 （1）左元右五　蕭乾元 陌上迎新色，閨中憶別離。東君重駕蒞，夫婿信何遲。 （2）右三左八　蕭乾元 萬里江山麗，迎新壯士悲。中原還逐鹿，妙手得伊誰。 （3）左五　資生 飲罷屠蘇酒，醉餘憤又悲。蠶吞逢濁世，故圜恨何之。 （4）左七右九　瑰珍 萬紫千紅裡，傷心鬢欲絲。多增惟馬齒，自愧奈何之。		
說明	本次「旗山旗峰吟社新曆元旦擊鉢」〈春感〉詩作首先刊登於：《臺南新報》 第 12217 號，昭和十一年（1936）1 月 8 日，第 8 版，詩壇。		

34

日期	昭和十一年三月一日（1936.3.1）		
出處	《詩報》第 124 號		
作者	滌庵	詩體	七言古詩
題目	呈旗峰吟社諸君子	頁碼	15

詩作	〈呈旗峰吟社諸君子〉　滌庵 詩星朗朗耀旗山，暢飲開懷百慮刪。底事筵中題訪艷，醉餘竟因美人關。 醒時旭日上窗紗，本欲登堂客路賒。齒煩餘香留我筆，醉恩有紙筆無華。

35			
日期	昭和十一年六月一日（1936.6.1）		
刊名	《詩報》第130號	詩體	七言絕句
題目	（高雄州下聯吟會擊缽）蔗苗	頁碼	11
詩作	〈蔗苗〉　詞宗（左：養源、右：景寬）氏選 左八　乾元 雨餘滿園綠重重，時見耘培務老農。他日節高甘到尾，一枝倒啖豁心胸。		

36			
日期	昭和十一年六月十五日（1936.6.15）		
刊名	《詩報》第131號	詩體	七言絕句
題目	（旗峰吟社擊缽）落花	頁碼	11
詩作	〈落花〉　詞宗（左：黃石輝、右：陳登科）選 （1）右四　蕭乾源 風飄萬點可憐英，無限春光轉眼更。觸景情生遲暮感，英雄一樣美人情。 （2）左五　蕭乾源 二八青春轉眼更，千紅萬紫剩殘英。願教歲歲金鈴護，莫遣紛飛滿洛城。 （3）右五　雲津 減卻春光飄御苑，增加愁緒落江城。憐香空自贏惆悵，點點無情逐水行。		

37			
日期	昭和十一年十月二日（1936.10.2）		
刊名	《詩報》第138號		
標題	（旗峰吟社擊缽） 歡迎朱阿華、蘇維吾、施雁翔先生	詩體	七言絕句
題目	秋懷	頁碼	14
詩作	〈秋懷〉　詞宗（左：朱阿華、右：蘇維吾）選 （1）左二　蕭乾元 黃英三徑忙秋觀，把酒持螯強醉歡。回憶故園秋味好，花前竟覺客心酸。 （2）右六　蕭乾元 客裡聞砧腸易斷，天邊過雁思無端。雲山萬疊家何在，獨對西風到夜闌。 （3）左七右八　蕭乾元 黃花紅葉覺秋闌，到處寒砧客思酸。我亦他鄉同抱恨，尊鱸正美欲歸難。		

38			
日期	昭和十一年十月十五日（1936.10.15）		
刊名	《詩報》第 139 號	詩體	七言絕句
題目	（旗峰吟社擊缽） 秋聲	頁碼	9
詩作	〈秋聲〉 詞宗（左：黃石輝、右：陳登科）選 （1）左元右十 <u>蕭乾元</u> 蕭殺西風四野鳴，幾疑萬馬戰荒城。誰家寒杵三更急，何處疎鐘五夜清。 （2）右九左十 <u>蕭乾元</u> 側耳西南鐵馬征，銀河耿耿月光明。雁聲斷續三更喉，蛩韻蕭騷一夜鳴。		
說明	本詩在《資生吟草》（1936）中爲二首七律作品。 〈秋聲〉 丙子旗峰擊缽 七律庚韻 蕭殺西風四野鳴，幾疑萬馬戰荒城。誰家寒杵三更急，何處疎鐘五夜清。 竹雨頻敲無限恨，松濤時湧不平聲。歐公有賦同悽切，獨倚欄杆月正明。 側耳西南鐵馬征，銀河耿耿月光明。雁聲斷續猿聲喉，蟬韻凄涼蛩韻鳴。 萬戶寒砧催夢醒，誰家玉笛惹愁生。滿懷恨緒增多少，惱殺香閨遠戍情。		
39			
日期	昭和十二年一月一日（1937.1.1）		
刊名	《詩報》第 144 號	詩體	七言律詩
題目	（高雄州下聯吟會於東港） 競泳	頁碼	19
詩作	〈競泳〉詞宗（左：陳文石、右：鮑樑臣）選		
說明	以下含各篇作者：君山、芳菲、家駒、養源、良玉、芷涵、森峰、精金、庚辛、春林、水秋、乾元、子亮。圖檔中未見詩作。		
40			
日期	昭和十二年二月十九日（1937.2.19）		
刊名	《詩報》第 147 號	詩體	五言律詩
題目	（高雄州下聯吟會擊缽） 東津秋色	頁碼	8
詩作	〈東津秋色〉詞宗（左：郭芷涵、右：鄭坤五）選		
補充	以下含各篇作者：黃石輝、范國清、薛玉田、鄭坤五、尤鏡明、郭韻琛、游讚芳、陳艷僧、蕭乾源、蘇維吾、魏錦鰾、陳文舉、許君山、阮文仁。圖檔中未見詩作。		
41			
日期	昭和十二年五月二十五日（1937.5.25）		
刊名	《詩報》第 153 號	詩體	七言律詩
題目	（高雄州下聯吟會擊缽） 觀競馬	頁碼	6

詩作	〈觀競馬〉　詞宗（左：吳子宏、右：陳文石）選
說明	以下含各篇作者：黃石輝、范國清、薛玉田、鄭坤五、尤鏡明、郭韻琛、游讚芳、陳艷僧、蕭乾源、蘇維吾、魏錦鰈、陳文舉、許君山、阮文仁。圖檔註明因「原稿失抄」故未作詩作。

42

日期	昭和十二年七月六日（1937.7.6）		
刊名	《詩報》第 156 號	詩體	七言絕句
題目	（高雄州下聯吟會）選舉戰	頁碼	9
詩作	〈選舉戰〉　詞宗（左：蘇維吾、右：朱阿華）選 右六　蕭乾源 舌劍唇槍作陣先，奪爭一票議員權。眞才終爲金錢弊，奏凱終難屬聖賢。		

43

日期	昭和十六年四月二日（1941.4.2）		
刊名	《詩報》第 245 號	詩體	五言律詩
題目	（高雄州下聯吟擊缽）淡溪春暖	頁碼	12
題名	淡溪春暖		
詩作	〈淡溪春暖〉　詞宗（左：龔顯升、右：郭紫涵）氏選 右四　乾元 淡溪春意滿，千里艷陽天。甘蔗連阡綠，西瓜兩岸鮮。 風和寒意外，日暖曙光前。垂釣行吟好，何關世慮牽。		

44

日期	昭和十七年一月一日（1942.1.1）		
刊名	《詩報》第 263 號	詩體	七言律詩、七言絕句
題目	新春試筆、祝皇軍戰捷、元旦抒懷	頁碼	15
詩作	1.〈新春試筆〉　旗山　蕭乾源 遙向東方拜紫宸，官民同慶戰時春。大和魂共祥雲燦，富士山含淑氣新。 國運隆昌如旭日，皇軍勇敢勝歐人。社前武運祈長久，逐米驅英靖四垠。 2.〈祝皇軍戰捷〉 皇軍威武有誰同，愛國忠君氣慨雄。到處敵前爭上陸，太平洋滅敵朦朧。 3.〈元旦書懷〉 履端此日恨偏多，一事無成鬢欲皤。時局如斯知奮勉，任他運命到如何。 紫氣東來萬象新，屠蘇醉飲感頻頻。終年勞瘁成何事，馬齒徒增愧此身。		
說明	第二首詩收於《南方》第 145 期（1942.1.20）。部分文詞不同： 皇軍威武有誰同，護國忠君氣慨雄。到處敵前誇上陸，太平洋滅敵朦朧。		

45	
日期	昭和十七年一月十五日（1942.1.20）

刊名	《南方》第 145 期	詩類	七言絕句
題目	元旦書懷	頁碼	31

詩作	〈元旦書懷〉　蕭乾源
	虛度韶華三十春，每逢元日倍傷神。投機往事堪追悔，禍及年來受苦辛。

46	
日期	昭和十七年一月二十日（1942.1.20）

刊名	《詩報》第 264 號	詩體	七言律詩
題目	（陶社第三期徵詩發表）荷錢	頁碼	15

詩作	〈荷錢〉　詞宗（左：陳文石、右：陳子春）選
	左九　旗山　蕭乾源
	新荷出水疊田田，着眼居然萬選錢。赤日如爐憑鼓鑄，青溪爲庫好司權。
	飛蚨集處苔痕姤，飲馬投時苻帶穿。惱殺貧夫偷未得，低徊池畔枉流涎。

47	
日期	昭和十七年二月十五日（1942.2.15）

刊名	《南方》第 147 期	詩類	七言絕句
題目	青樓怨、薄命花	頁碼	34

詩作	1.〈青樓怨〉　蕭乾源
	送待迎來恨未休，笞痕永共淚痕留。檻中獸與籠中鳥，只當阿儂不自由。
	一曲琵琶帶淚流，從良心事恨難酬。早知孽海難超脫，悔不空門行苦修。
	落花飛絮掩青樓，一曲琵琶萬種愁。薄命恨無紅拂眼，從良何處覓王侯。
	2、〈薄命花〉　蕭乾源
	護花無主恨頻頻，風雨飄零□此身。願叩天閽祈上帝，莫教薄命注佳人。
	雨□風摧暗愴神，愛花誰是惜花人。紅顏畢竟都成讖，那得東君護此身。
	飄零脂粉豈前因，蝶亂蜂狂恨轉頻。儂命如桃郎倖薄，憐香誰是有情人。

48	
日期	昭和十七年二月二十日（1942.2.20）

刊名	《詩報》第 266 號	詩體	七言律詩
題目	新竹	頁碼	6

詩作	〈新竹〉　旗山　蕭乾源
	瀟湘移植數竿青，志抱參天尚幼齡。瓊葉漸稠成鳳尾，珊柯先具化龍形。
	風來新籜初離節，月照疎陰欲滿庭。我愛歸閒學山谷，依然枕簟傍君暝。

49			
日期	昭和十七年六月一日（1942.6.1）		
刊名	《南方》第 153 期	詩類	七言律詩
題名	春日遊皷山	頁碼	42
詩作	〈春日遊皷山〉　蕭乾源 （1）偷得浮生半日閒，飽看勝跡上名山。花香鳥語吟情溢，罄韻鐘聲俗慮刪。 　　　聳翠旗峰橫古色，拖藍彌水見幽灣。忠君護國碑巍立，健筆長瞻佐久間。 （2）名誇八景古名山，山水清幽近市闤。神社威嚴參客集，佛堂靜肅老僧還。 　　　平巒義塚松林外，征匪忠靈竹藪間。福地天然堪豹隱，肯從他處覓仙寰。		
說明	〈春日遊皷山〉復刊《詩報》273 期，昭和 17 年（1942）6 月 5 日，詩壇，頁7。		
50			
日期	昭和十八年一月一日（1943.1.1）		
刊名	《詩報》第 287 期	詩類	七言律詩
題目	敬和朱阿華先生七十五歲感懷瑤韻	頁碼	22
詩作	〈敬和朱阿華先生七十五歲感懷瑤韻〉蕭乾源 （1）誌慶先生七五春。愧無佳句可披陳。□庭蘭桂欣爭秀。府第禎祥喜自新。 　　　笑我命乖慚待□。羨翁學富勝堆囷。古來仁者偏多壽。應報前生積德因。 （2）龍山彌水瑞雲明。矍鑠如翁福壽□。絳縣龜齡欣後輩。磻溪鶴算慶先生。 　　　淡交墨客三多祝。奮勇蘭孫萬里征。德望美濃稱獨著。忘年幸得締吟盟。		
說明	兩首〈敬和朱阿華先生七十五歲感懷瑤韻〉後再刊登於《南方》第 167 期，昭和十八年（1943）1 月 15 日，南方詩壇，頁 32。		
51			
日期	昭和十九年四月九日（1944.4.9）		
刊名	《詩報》第 313 號		
作者	秋心	詩類	七言古詩
詩題	哭黃秋輝詞兄仙逝	頁碼	22
詩作	〈哭黃秋輝詞兄仙逝〉　秋心 詩星昨夜墬旗峰，耗信傳來淚滿胸。一疾豈知成隔世，騷壇無復見音容。 寄跡紅塵卅七春，騎鯨竟作不歸人。可憐妻老子還幼，扶助伊誰肯捨仁。 聞君抱恙早心酸，枯淚胸前濕不乾。詎料知音遭鬼妒，牙琴從此向誰彈。 豎旛何處得招魂，遺恨惟詩數卷存。今去九原長作客，獨留孤塚照黃昏。 回首締交二載余，西窗一夜契心知。未成大志竟先死，從此分金復有誰。		

52	
日期	民國 49 年（1960）
標題	「高雄八景」徵詩比賽得獎作品
書刊	高雄縣文獻會出版，陳子坡主編《高雄縣志稿藝文志》
詩體	五言律詩
題目 詩作	〈龍崗觀雲〉第一名　蕭乾源 絕頂登臨去，龍崗氣象雄。雲羅鋪疊嶂，霧縠接長空。 鼓岫蒼茫外，旗峰指顧中。家山何處是，親舍望無窮。
題目 詩作	〈內門列嶂〉第五名　蕭乾源 曳帳羅門裡，林巒氣象幽。重圍千嶂秀，複岫五雲浮。 玉枕明如畫，銀屏翠欲流。將軍疑勒馬，屹立望神州。
題目 詩作	〈翠屏夕照〉第六名　蕭乾源 返照罘罳麗，連峯着絳衣。觀音成瑞藹，貝闕罩殘霞。 彩散蓮池灔，光迴鳥徑斜。江河悲日下，客思逐歸鴉。

附錄五：蕭乾源漢詩中引用典故或成語入詩整理表

詩題	詩作部分內容	引用典故或成語
〈從良妓〉之一	乘龍喜配佳公子，琴瑟和鳴鳳願酬。	乘龍、琴瑟和鳴
〈從良妓〉之二	悔恨秦樓露水緣，管絃徹夜怎成眠。 從茲遂願從良去，借詠關雎第一篇。	露水姻緣 關雎
〈從良妓〉之三	大婦倘能翻醋甕，問君是否怕河東。	河東獅吼
〈從良妓〉之四	從此春藏金屋裡，香衾同度合歡宵。	金屋藏嬌
〈從良妓〉之五	而今嫁作商人婦，雙宿雙棲樂亦融。	雙宿雙飛
〈春日呈黃志輝詞兄〉	惟羨鴻才能揭地，每慚雀志不掀天。 安得騷人聯雅會，拋磚引玉締吟緣。	燕雀安知鴻鵠志 拋磚引玉
〈驪歌〉之一	灞岸數聲吹竹笛，離亭一曲唱驪駒。	霸陵折柳
〈驪歌〉之三	未忍雲山人兩地，臨岐惆悵淚如珠。	臨岐
〈驪歌〉之三	野店分襟留寶劍，長亭折柳醉瓊酥。 陽關未忍歌三疊，露冷西風一棹孤。	折柳 陽關三疊
〈凍頂茶〉	盧仝七碗今何在，空負龍芽勝建溪。	盧仝七碗茶
〈問槎〉之一	聞說天河接海流，靈槎誰乘廣寒遊。	八月槎
〈秋懷〉之三（〈秋思〉）	花開三徑艷黃金，攜酒邀朋籬畔斟。 自恨他鄉淪落客，蓴鱸正美故園心。	三徑 蓴鱸之思
〈訪菊〉	爲訪黃英開也無，淵明三徑我先趨。	三徑
〈恨人〉之一	浮生若夢嘆滄桑，運命由天隱恨長。 憤慨中原還逐鹿，英雄熱淚灑江湘。	浮生若夢 逐鹿中原

〈恨人〉之三	我亦黃龍思痛飲，從戎有待破強秦。	直搗黃龍
〈長命縷〉	倘教續命憑斯縷，八百彭鏗壽不奇。	彭祖
〈春日登山〉之一	何妨繫酒騎驢背，也似前身孟浩然。	孟浩然雪中騎驢尋梅
〈春日遊太平寺〉	眞個鼓山幽靜境，何須豹隱覓丹邱。	丹邱
〈苦熱〉之一	廣寒未許俗人避，沉李浮衣何處能。	沉李浮瓜
〈閒居〉之一	三徑菊松情繾綣，滿窗風月興遄飛。	三徑
	林泉心逸知今是，仕宦形勞覺昨非。	昨是今非
	富貴浮雲何足羨，逍遙世外好忘機。	富貴浮雲
〈閒居〉之二	解印攜琴樂此生，竹林深震好逃名。	陶潛解印、彈無弦琴
	當年悟徹趨炎苦，漱石枕流冷宦情。	趨炎附勢、枕流漱石
〈閒居〉之三	千竿繞宅風光好，五柳垂門春色宜。	陶潛五柳
	功名自古南柯夢，豹隱山中任歲移。	南柯一夢、豹隱
〈代碧珠女校書答輕情郎〉之二	莫笑楊花成痼性，舒開巨眼再從良。	水性楊花
〈代碧珠女校書答輕情郎〉之四	我不紅顏偏命薄，滿懷愁恨訴阿誰。	紅顏薄命
〈贈蕙蘭女校書〉之一	久聞粉黛擅南朝，蟬首蛾眉別樣嬌。 眞個傾城傾國色，老僧一見也魂消。	蟬首蛾眉 傾國傾城
〈贈蕙蘭女校書〉之二	緣何薄命註紅顏，舊恨新愁何日刪。	紅顏薄命
〈贈蕙蘭女校書〉之三	底事媧皇難補綴，情天缺陷誤卿卿。	女媧補天
〈贈蕙蘭女校書〉之四	憐卿孽海尚沉淪，金屋難藏獨愴神。	金屋藏嬌
〈贈蕙蘭女校書〉之五	花難長好月難圓，惆悵伊人亦自憐。	花好月圓
〈代蕙蘭女校書作〉之一	淒風愁雨打窗前，恨海何時衛石填。	精衛填海
〈代蕙蘭女校書作〉之四	夜闌人靜月三更，綺恨重重心上縈。 作繭春蠶終自縛，唱隨何日了殘生。	夜闌人靜 作繭自縛
〈再贈蕙蘭女校書〉	楚館愁增風月恨，巫山羞殺雨雲情。	巫山雲雨
〈敬步韻琛先生贈蕙蘭原玉〉	驪姬漫道擅芳名，色藝雙誇傾國城。 □底艷蓮生濁潤，紅顏薄命可憐卿。	傾國傾城 紅顏薄命
〈贈鸝妓月仙〉之三	斷髮時粧亦可人，秋波底事善傳神。 天生尤物多情種，恐有漁郎待問津。	秋波送情 天生尤物
〈寄懷志輝兄〉（〈寄懷黃詠鶴硯兄〉）	秋水伊人眼欲穿，文旌何日再言旋。	望穿秋水、望眼欲穿

〈竹山亭偶感〉	青山依舊在，人事嘆蹉跎。	是非成敗轉頭空，青山依舊在，幾度夕陽紅？（楊慎〈臨江仙〉）
〈端午懷鷺江國清兄〉之一	聞道鷺江衣帶水，時時引領望天涯。	一衣帶水
〈端午懷鷺江國清兄〉之三	暮雲春樹感淒涼，一日三秋幾斷腸。	暮雲春樹
〈馬跡〉之一	省識五陵少，銀鞍過此初。	五陵少年
〈夜坐〉之二	新愁舊恨覺心焦，誦罷西廂感寂寥。	新愁舊恨
〈笑花〉之一	最是千金難買得，楊妃一倩更多情。	千金難買
〈笑花〉之二	可憐烽火歡褒姒，喪盡江山太不情。	周幽王舉烽火戲美人
〈爭杯〉之二	世事浮沉生若夢，玉山頹處樂陶然。	浮生若夢
〈心花〉之一	料知智舍深藏護，未許狂蜂浪蝶摧。	狂蜂浪蝶
〈種菊〉	柴桑追隱士，移植瘳餐眠。	陶潛，潯陽柴桑人
	還期三徑艷，有待九秋妍。	三徑
〈壽翁〉之一	此老修來五福臻，龜齡鶴算世堪珍。	龜齡鶴算
〈壽翁〉之二	壽星南極長輝燦，五福三多享萬春。	南極星輝、五福三多
〈壽翁〉之三	齒德俱尊近百春，童顏鶴髮顯精神。	齒德俱尊
〈寄懷阮文仁先生〉	春樹暮雲縈別緒，花晨月夕感離愁。	春樹暮雲
	祖國需才今正急，合當投筆覓封侯。	投筆從戎
〈懷友〉（〈寄懷黃志輝先生〉）	睽違一日思三秋，渭北江東兩地悠。 每憶西窗同剪燭，何時願遂訪遠舟。	一日三秋 西窗剪燭、乘興訪戴
〈秋聲〉之一	歐公有賦同懷切，獨倚欄杆月正明。	歐陽脩作〈秋聲賦〉
〈秋聲〉之二	萬戶寒砧催夢醒，誰家玉笛惹愁生。	誰家玉笛暗飛聲，散入春風滿洛城。此夜曲中聞折柳，何人不起故園情。（李白〈春夜洛城聞笛〉）
〈春耕〉	沃地東風暖，沾衣杏雨綿。	沾衣欲溼杏花雨（僧志南〈絕句〉）、擊壤歌詠
	黎民欣盛世，擊壤頌堯天。	
〈善堂初會〉之二	初逢滿座忘年友，會勝蘭亭快樂哉。	忘年之交、蘭亭宴集
〈探梅〉之一	聞道孤山芳訊傳，寒驢盡日訪逋仙。	斷橋流水西林渡，暗香疏影梅花路。寒驢破帽登山去，夕陽古

		寺題詩處。樹頭啼翠禽，水面飛白鷺。傷心和靖先生墓。(張可久〈塞鴻秋〉)
〈探梅〉之二	龍頭攜經尋和靖，駝背搜詩學浩然。	林和靖梅妻鶴子、孟浩然騎驢尋梅
〈江風〉之一	一片滄茫九派通，封姨鎮日逞威雄。	封姨逞勢
	痴心我欲追宗愨，獨立江頭待御風。	宗愨乘風破浪
〈江風〉之二	拔劍王閎何處去，風波萬里感無窮。	王閎持劍怒斥董賢
〈鶯聲〉之二	黃鳥應知青帝臨，頻翻簧舌鼓歡心。	打起黃鶯兒，莫教枝上啼。
	閨中有婦遼西夢，遮莫倉庚得意吟。	啼時驚妾夢，不得到遼西。(金昌緒〈春怨〉)
〈燕剪〉之一	烏衣巷口斜飛好，白玉樓前對舞耽。	朱雀橋邊野草花，烏衣巷口夕陽斜。(劉禹錫〈烏衣巷〉)
〈裁雲〉之二	朵朵裁刪思韻事，唐宮承寵想楊妃。	雲想衣裳花想容(〈清平調〉)
〈歸燕〉之三	羨他真個多情種，王謝凋零未忍拋。	舊時王謝堂前燕，飛入尋常百姓家。(劉禹錫〈烏衣巷〉)
〈冬暖〉之二	追憶蘆衣閔，如今且莫憂。	閔子騫蘆衣順母
〈秋光〉之二	十二樓台迷幻裡，三千世界滅明中。	十二樓台、三千世界
〈垂釣〉之一	一簑煙雨釣江門，注視絲綸逐浪翻。	竹杖芒鞋輕勝馬，誰怕？一簑煙雨任平生。(蘇軾〈定風波〉)
〈垂釣〉之二	但願上鉤三尺鯉，歸來沽酒樂忘煩。	姜太公釣魚，願者上鉤
〈追懷朱阿華老先生〉之一	橫秋老氣依然在，大夢難醒惹恨傷。	老氣橫秋
	滿架詩書留紀念，一庭蘭桂繼流芳。	蘭桂齊芳
〈追懷朱阿華老先生〉之二	念載交遊文墨場，忘年莫逆誼偏長。	忘年之交、莫逆之交
	話到投機頻莞爾，醉餘豪興每清狂。	酒逢知己千鍾少，話不投機半句多。
〈追懷朱阿華老先生〉之三	劫歷紅羊身益健，友因白戰誼偏長。	紅羊劫、白戰

〈甘露寺取婿〉之一	心機徒費嘆周郎，賠了夫人又折艫 假弄姻緣眞撮合，千秋艷事說吳江。	賠了夫人又折兵 弄假成眞
〈眉齊雙壽〉	騰芳蘭桂盈庭秀，競茂椿萱晚節堅。	蘭桂騰芳、椿萱並茂
	中天南極同輝燦，兆慶眉齊逾百年。	南極星輝
〈觀海〉之二	萬里滄茫鎖曉煙，蜃樓海市幻眸前 狂濤怒吼緣何事，豈是靈胥恨未眠。	海市蜃樓 伍子胥抱憤沉江
〈觀海〉之三	世事桑田同慨嘆，古今淘盡幾英賢。	滄海桑田、浪花淘盡英雄
〈旗美吟會拾週年紀念〉之二	抃雅揚風樹鼓旗，融和廣福共維持。	揚風抃雅
〈萱草春〉之二	寸草慈輝閨閣秀，滿門福祿永綿綿。	寸草春暉
〈菽水供親〉	子道眞誠親自寬，一杯菽水可承歡。	菽水承歡
〈太平鼓〉之一	民安國泰樂豐農，鼉吼淵淵雅韻濃。	國泰民安
〈太平鼓〉之二	欣知盛世昇平樂，擊壤群黎到處逢。	擊壤
〈雨意〉之三	無心車馬走遙峰，石燕商羊飛舞從 疑是禹門鯉角露，風雲際會待成龍。	風起石燕飛，天雨商羊舞。 鯉躍龍門、風雲際會
〈美人〉	蛾眉螓首見天眞，萬種風流孃娜身。 如此傾城傾國色，任他啼笑總迷人。	螓首蛾眉 傾國傾城
〈烽火〉	周幽妄舉因褒姒，傾國端爲戲美人。	周幽王舉烽火戲美人
〈追懷七十二烈士〉	忠魂七二古今馨，鬼泣神號碧血腥。	鬼哭神號
	武昌義舉同心赤，辛亥功垂照汗青。	留取丹心照汗青
〈灰蝴蝶〉之一	靈身欲入莊生夢，鎮日翩翾舞素姿。	莊周夢蝶
〈雞聲〉之二	喚醒吾儕同起舞，獻身救國殺俄軍。	聞雞起舞
〈木鐸〉右元左花	斐亭鐘與蘭亭鉢，一樣尼山響應寬。	斐亭、蘭亭
〈師恩〉右十左避	化雨春風及萬方，三千桃李鬥芬芳。	春風化雨、桃李滿門
〈文運〉右五左避	揚風抃雅三唐盛，佈德宣仁萬世宗。	揚風抃雅
〈燕語〉左五右避	繁華王謝餘陳跡，遮莫呢喃愛恨兼。	舊時王謝堂前燕、燕語呢喃
〈桂影〉左五右十二	雲梯直上婆娑處，許我先攀第一枝。	仙桂曾攀第一枝，薄游湘水阻佳期。(沈彬〈贈王定保〉)
〈詩聲〉左元右五	斐亭鐘與蘭亭鉢，逸韻千秋響應同。	斐亭、蘭亭
〈餞春雨〉右眼左避	東皇去意誰能挽，一曲陽關別恨餘。	一曲陽關

〈菊影〉右眼左避	花痕重疊印籬邊，三徑秋光寫照妍。	三徑
〈五日感懷〉右九左避	我也相憐同賈誼，招魂待哭楚江涯。	賈誼作〈弔屈原賦〉
〈初夏即事〉左花右五	高臥南窗消永日，管他世態幻須臾。	南窗高臥
〈野渡無人舟自橫〉左花右五	我欲中流雄擊楫，乘風滿載去來人。	春潮帶雨晚來急，野渡無人舟自橫。(韋應物〈滁州西澗〉)、中流擊楫
〈延平詩社十周年〉左花右避	薈萃人文宣國粹，堂皇旗鼓振天聲。	人文薈萃
	斐亭嗣響千秋繼，魯殿靈光萬丈明。	斐亭吟會
〈延平詩社十周年〉左四右避	吟幟高飄歲十回，斐亭嗣響寄三臺。	斐亭吟會
〈冬夜書懷〉左八	人心畢竟蛇吞象，世事爭如雀捕蟬。	巴蛇吞象、螳螂捕蟬，黃雀在後
	再造乾坤期有日，忍長薪膽策回天。	臥薪嘗膽
〈蝴蝶蘭〉右元左廿一	謝逸詩成添興爽，莊周夢幻悟情舒。	莊周夢蝶
	好是雌雄聯並蒂，芸窗對舞助吟余。	並蒂蓮
〈旗影〉右花左五	飄搖大纛捲長風，虎踞龍蟠寫照中。	龍盤虎踞
〈昭和十九年甲申簡義桂芳二詞友將之南方〉	志繼班超應可欽，決拋毛穎敵前臨。謾云儒士多輕弱，誓願釜舟共破沉。	班超投筆從戎 破釜沉舟
〈寄懷黃詠鶴硯兄〉	我效子猷思訪戴，扁舟幾度往還歸。	王子猷雪夜訪戴安道
〈弔悟真社副社長柯李忠先生〉	大夢難醒悲此日，愁雲黑暗鑽南柯。	南柯一夢
	而今化鶴西歸去，風雨淒淒倍愴神。	駕鶴西歸
〈美人〉左花右五	最是紅顏偏命薄，綠章我欲向天申。	紅顏薄命、綠章祭天
〈美人〉左臚右七	明眸皓齒與朱唇，十五年華更可人。	明眸皓齒
〈觀棋〉右臚左十	回首中原還逐鹿，殘棋一樣感頻頻。	逐鹿中原
〈觀棋〉右五左七	任他勝負都無管，甘作傍觀袖手人。	袖手旁觀
〈觀棋〉左六	只為輸贏還未定，恐教柯爛繼樵人。	柯爛忘歸
〈春感〉左元右五	陌上迎新色，閨中憶別離。東君重駕蒞，夫婿信何遲。	閨中少婦不曾愁，春日凝妝上翠樓。忽見陌頭楊柳色，悔教夫婿覓封侯。(王昌齡〈閨怨〉)
〈春感〉右三左八	中原還逐鹿，妙手得伊誰。	逐鹿中原
〈春感〉左七右九	萬紫千紅裡，傷心鬢欲絲。多增惟馬齒，自愧奈何之。	萬紫千紅 馬齒徒長

〈秋懷〉左二	黃英三徑忙秋觀，把酒持螯強醉歡。	三徑
〈秋懷〉右六	客裡聞砧腸易斷，天邊過雁思無端。	聞砧
〈秋懷〉左七右八	我亦他鄉同抱恨，蓴鱸正美欲歸難。	蓴鱸之思
〈新春試筆〉	國運隆昌如旭日，皇軍勇敢勝歐人。	國運昌隆
〈元旦書懷〉	終年勞瘁成何事，馬齒徒增愧此身。	馬齒徒增
〈青樓怨〉之一	送待迎來恨未休，笞痕永共淚痕留。 檻中獸與籠中鳥，只當阿儂不自由。	送往迎來 籠鳥檻猿
〈青樓怨〉之三	薄命恨無紅拂眼，從良何處覓王侯。	紅拂女慧眼識英雄
〈春日遊皷山〉之一	花香鳥語吟情溢，磬韻鐘聲俗慮刪。	鳥語花香
〈春日遊皷山〉之二	福地天然堪豹隱，肯從他處覓仙寰。	豹隱
〈哭黃秋輝詞兄仙逝〉	寄跡紅塵卅七春，騎鯨竟作不歸人。	俗傳太白醉騎鯨，溺死潯陽
	詎料知音遭鬼妒，牙琴從此向誰彈。	響絕牙琴
	今去九原長作客，獨留孤塚照黃昏。	一去紫臺連朔漠，獨留青塚向黃昏。（杜甫〈詠懷古蹟〉）
〈翠屏夕照〉	江河悲日下，客思逐歸鴉。	江河日下

附錄六：蕭乾源刊登於《社會事業の友》之文章

日　期	昭和七年一月一日（1932.1.1）		
刊　名	《社會事業の友》	出版單位	臺灣社會事業協會
題　名	內地視察團の感想〔六〕	發行者	柴山武矩
頁　碼	76～79	出版地	臺北市
作　者	蕭乾源	職　稱	旗山悟眞社　　主事
圖　檔			

寺と社會事業

京都嵯峨の際東阿本願寺を訪ねて、お寺關係の社會事業概況を聞き、同時にお寺關係の事業を二三視察した。内地のお寺は餘方を非常に社會事業に傾注しつ少くとも一寺（一敎會）一箇の社會事業と云ふ目標に向って進んでゆくそうです。佛敎のみならず、總て敎の宗敎家も時代に目醒めて著しく社會事業に進出した。之は宗敎方面から觀ても社會敎方面から眺めても非常に喜ばしい現象である。この事實は寺關の宗敎關係者に大に宣傳したい。若本島でも宗敎家寺關係が内地同樣に進出したら寺關の醫業は忽ち現今の悟慈の效果を舉げることが出來るだらう。本問題は社會事業關係者の大に留意すべきことだと思ふ。昨年大合の際にも諸問せられたことであるが、手今餘り其體化して居らぬのを遺憾とする次第である。

旗山悟眞社主事
蕭　乾　源

今般臺灣社會事業協會主催にかゝる本島社會事業進展の一端として内地社會事業視察に、平素社會事業に關し全く白紙の私が今回旗山郡寺の推薦に依り有視察團に參鳩を得たるは私として無上の先榮である。一行十八名は總書府統石川氏引率の子に十月二十六日蓬萊丸にて基隆港を出帆、同二十九日早朝門司に着、逞しく住民の地を踏み、都合二十三日間を費して開懇博覽を守りつ

一、一行和氣靄々・十一月十七日差なく時寰せり。

一、緒　言

各地の事業を視察せしに本島の社會施設は社員に比較し、各種の趣意は彼様に發達するには百年の火計を要するは勿論、希くは本島に於ける社會事業に關係する各位は今後益々體驗努力し、未だ社會事業に關係なき諸士をして右に對し其嗚方を宣傳し、以て時世の進歩に伴ふ此の複雑なる社會の圓滿發達を期せられん事を熱望して此まざる次第なり。

二、視察後感する諸點と希望

の關係上、特に感ずる諸點を簡單に記し各位の參考に資するを得ば蓋其の至なり。

（イ）

新宿御苑拜觀

十一月十一日の朝丸時吾等一行は杉本前文教局長統に一條甲樂園主に案内され新宿御苑拜觀の光榮に浴し、御苑内は一木一草有雄き前海の恩が青々と茂げつて居る。

（ロ）

拓務省營理含

十一月十一日の午前十時界天洗ふが如く太陽に宣苴を赤々と照し、吾等一行は此の晴々としたる天氣に浴し、拓務省管理局を訪問、生駒管理局長に面含し正午丸の內合館で歡迎合に出席した。吾々一行が如斯嵌上の光榮を得たるは

七七

國民としては勿論、社會事業關係者として師臺後社會有識者と協力し粉骨碎身善男善公の精神を以て國家の爲、君の爲に努力し以つて皇恩に對する萬分の一を酬はる覺悟なり。

（ハ）

宮内省参上

十一月十一日午後三時宮内省に参り宮内次官園屋貞三郎閣下の異談と資問あり更に御丁業を賜り持きて宮城拜觀の光榮を得たるは生涯智上の光榮とす。

（二）

社會事業從事者と財産家

今般視察せる内地社會事業發展と我が豪灣の社會事業趣意とを比皎すれば實に天禳の差である。其の原因は内地社會事業從事者は其存共榮の精神に富み、財産家は社會観念濃厚になるより發達し來りたるなり、希くは豪灣の社會事業從事者及び財産家は右標準に倣ひ今後社會事業に一層努せられん事を熱望す。

（ホ）

蠶業紹介所

我が本島は幸に失業者少く目下の處考慮の必要なきも此の財界不況が永續して、遠から本失業者を救済せざるべからざる時期到末したるときは、蠶業紹介

七八

（八）簡易食堂

　獨身勞働者又は貧困夫婦者の爲に日中腹空の一助として本島市郡所在地には一日も早く簡易食堂の設置あれば右勞働者は如何なる便利と經濟の助けになるか想像に餘るものがある。

（十）託兒所

　幼兒を持つ勞働者の勞働賃銀取得と、幼兒保育上の目的を以て内地至る所に託兒所あるに付き家庭は頗る圓滿なり。翻て臺灣市街莊に於ては官費又は團體費を以て設置し、勞働者の爲に幼兒に對する後顧の心ひなくして諸工場や社に勤續せしめ、而して社會安寧、國民福利增進を希望して止まない。

　右ヶ年杜撰私の感想として筆を止め、貳質を果したことにして頂きます。

資料來源：日治時期期刊全文影像系統

綱　　要	以下爲内地視察團の感想[六]各篇篇名： 一、總説 二、視察後感ずる諸點と希望
語　　譯	旗山悟眞社主事　蕭乾源 　　在現今，内地社會事業審查，將爲台灣社會事業協會主導的本島事業進展的一步，而對社會事業是一張白紙的我，被旗山郡守推薦任命爲右視察團，對我來說是至上光榮。 　　視察團共十八名，由總督府的石川先生率領，於十月二十六日搭上蓬萊丸船，隨著汽笛一聲咚，駛出基隆港。於二十九日早晨到達門司，踏上親切的母國國土，前後花費二十三天時間，在遵守團體精神之下，一行人和氣洋洋，並於十一月十七日平安歸台。 一、總論 　　視察各地的設施，將本島與母國的社會設施做比較，我認爲：若要發達到像母國一般的程度，必經過百年的大計畫，也冀望與社會事業有關人士可以不停奮鬥，與社會事業無關者可以積極宣傳並獲得共鳴，而我懇切熱望時世的進步、伴隨現今複雜社會的圓滿與發達。我把視察的結果詳細記錄，並把感受特別深的幾點簡單寫下，若可成爲各位的參考，則深感榮幸。

二、視察後感ずる諸點と希望

（一）新宿御苑拜觀

十一月十一日早上九點，我們一行人在衫本前文教局長和一條甘露原主的引領下沐浴御苑的榮光。御苑內一草一木皆有雨露的滋潤並青青地茂盛長著。

特別是在晚秋之際，御苑的紅葉對視察團來說實在是賞心悅目。

（二）拓務省歡迎會

十一月十日的早上十點，天空一碧如洗、太陽閃耀，我們一行人沐浴於如此晴朗的天空下訪問拓務省管理局，與生駒管理局長會面，並在正午丸的內會館裡出席歡迎會。

我們一行人能獲得如此無上的光榮，姑且不論我們身為國民，或身為社會事業關係者，歸台後必與社會智識者協力以粉身碎骨、義勇奉公的精神回報國家、回報萬分之一的皇恩。

（三）宮內省參訪

十一月十一日午後三點來到宮內省，會面宮內次官的關屋貞三郎閣下，並與他懇談、詢問問題，我們被賞賜了珍菓點心、接著有幸參觀宮內省內部，我將視為一輩子的光榮。

（四）社會事業從事者與財產家

比較現今的社會事業發展與台灣的社會事業，則有如天差地別。其差別在於，內地社會事業從事者有共存共榮的精神，而財產家的社會觀念也很濃厚，因此很發達。

希望台灣的事業從事者與財產家都有效法的精神，並更加奮鬥不懈，早晚趕上內地。

（五）職業介紹所

現今本島幸運地沒有太多失業者，因此目前仍不需考慮，但若經濟不景氣持續一段時間，在不遠的將來若有必須救濟失業者的時機，則職業介紹所就必須要增設了。

（六）簡易食堂

為了幫助減緩單身勞動者與貧困夫婦平日的疲勞，本島市郡必須早日設立簡易食堂。並且可預期將成為他們經濟上莫大的幫助與方便。

（七）托兒所

為讓家庭內有幼兒的勞動者仍可以賺取勞動薪水，以及為了保護幼兒，在內地設有許多托兒所，家庭因此頗圓滿。期望台灣市街可以以政府公費或是社區團體費用來設置托兒所，可使勞動者無後顧之憂地出門往各工廠、會社工作，願達到社會安寧、國民福利的增進。

我的感想寫到此處，我已盡的職責。

附錄七：蕭乾源相關報章報導

刊登日期	民國 89 年 12 月 11 日（1990.12.11）
報刊名	《台灣時報》　資料來源　臺灣資料剪報系統
作　者	江明樹　篇　名　人間有情詩締盟——蕭乾源與楊雨河
版　次	29　標　題　文學
圖　檔	

台灣時報 89.12.11

人間有情詩締盟 蕭乾源與楊雨河

◎江明樹

一行人興高彩烈在旗山街頭高喊：

「發揚旗尾山精神！發揚蕭乾源精神！」

這兩年的六月六日，是旗山文化界重要的日子，舉辦蕭乾源文化獎，頒發獎牌給旗山人士參加鎮外來頒獎者以文化界、教育界居先，

有優異表現者，於是「蕭乾源」三字在媒體報導下成爲響亮的字號，甚至蕭乾源居住一輩子的「蕭家樓」，亦引起縣府的關注。

頒獎儀式簡單而隆重，以最少的經費籌辦最有意義的文化活動，邀請到店鋪壁上有于右任、賣景德的書

蕭乾源生於一九一二年，楊雨河生於一九三四年，蕭年齡相差二十二歲，彼時（五十年前）楊氏在路南下，輾轉來到台灣，隨部隊移居南下，民國四十初年駐紮旗山，與詩結了緣，

特別垂青資深畫家、作家、詩人等。而遠從台東的名詩人楊雨河先生更是難得的頒獎者，他一路迢迢搭車先來到屏東南州任一宿，隔天大早程來旗山參與盛會，什麼因素值得這位資深文化前輩如此奔波，蕭乾源與楊雨河是設穿了，原來是蕭乾源與楊雨河詩友，友情深厚。

法題字，交談之下，楊氏才知道眼前的中醫是名聞詩界且是「旗峰詩社」的社長，擅長書法與詩的龍生是其上司，台灣北、中、南皆

他，從此後互相傳閱詩稿，結忘年交，有時休假日遇下楊蕭家樓，蕭老家人打成一片，更與蕭公子榮，完成爲朋友，遺爲了一篇新聞稿宣揚其軍中表現優秀哩！

楊氏十四歲投軍，時值國共抗草，還有更多的作品未集。楊雨河著有「楊雨河詩選」、「新詩

至於詩，蕭乾源著有「資生吟學書法」一書，可見用力之深致力推廣書法門生滿天下，並出版「新詩

經」，古典詩則未集，也出版了小說集「有情人間」，在詩書之

一人羊令野一樣，現代詩古典詩齊沼落，另對新文學的興趣，只見舊詩

一人羊令野一樣，與河南老鄉周夢蝶、小說作家夏楚皆熟（周夏兩

外的另一收穫。

附錄八：蕭乾源擔任六合吟社詞宗

1		
出　　處	《鍾壬壽與六堆客家鄉土誌》吳煬和	
日　　期	2011 年 11 月 30 日	頁數　　32
圖　　檔	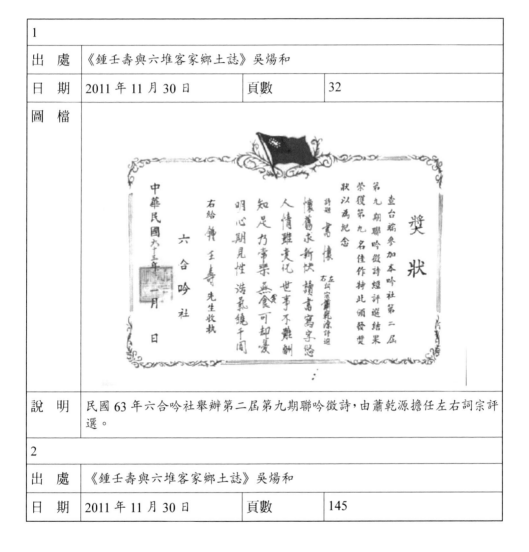	
說　　明	民國 63 年六合吟社舉辦第二屆第九期聯吟徵詩，由蕭乾源擔任左右詞宗評選。	
2		
出　　處	《鍾壬壽與六堆客家鄉土誌》吳煬和	
日　　期	2011 年 11 月 30 日	頁數　　145

圖檔一	
圖檔	
說　明	詩人投稿「六合吟社」，由蕭乾源擔任詞宗評選，用箋右下方有蕭乾源用印。